KB109128

독자의 1초를 아껴주는 정성을 만나보세요!

세상이 아무리 바쁘게 돌아가더라도 책까지 아무렇게나 빨리 만들 수는 없습니다.

인스턴트 식품 같은 책보다 오래 익힌 술이나 장맛이 밴 책을 만들고 싶습니다.

땀 흘리며 일하는 당신을 위해 한 권 한 권 마음을 다해 만들겠습니다.

마지막 페이지에서 만날 새로운 당신을 위해 더 나은 길을 준비하겠습니다.

길벗

누구나 쉽게 SQL

A Common-Sense Guide to SQL

초판 발행 • 2019년 6월 13일
초판 2쇄 발행 • 2021년 11월 30일

지은이 • 홍형경
발행인 • 이종원
발행처 • (주)도서출판 길벗
출판사 등록일 • 1990년 12월 24일
주소 • 서울시 마포구 월드컵로 10길 56(서교동)
대표 전화 • 02)332-0931 | **팩스** • 02)323-0586
홈페이지 • www.gilbut.co.kr | **이메일** • gilbut@gilbut.co.kr

기획 및 책임편집 • 이원휘(wh@gilbut.co.kr) | **디자인** • 배진웅 | **제작** • 이준호, 손일순, 이진혁
영업마케팅 • 임태호, 전선하, 차명환, 지운집, 박성용 | **영업관리** • 김명자 | **독자지원** • 송혜란, 윤정아, 홍혜진

교정교열 • 박한솔 | **전산편집** • 남은순 | **출력 · 인쇄 · 제본** • 북토리

ISBN 979-11-6050-816-1 93000
(길벗 도서번호 080202)

정가 15,000원

예제 소스 • https://github.com/gilbutITbook/080202

지은이의 말

제가 첫 SQL 관련 책을 냈던 10여 년 전 당시만 해도 시중에 SQL을 다루는 책이 거의 없었습니다. 번역서 한두 권 정도가 전부였죠. 그때와 비교하면 지금은 SQL 관련 책이 꽤 많아진 것 같더군요. 아무래도 시간이 흐르면서 데이터를 다루고 처리하는 SQL이란 언어의 수요가 증가한 덕분인 것 같습니다.

이런 현상이 발생한 원인이 무엇인지 정확하게 분석한 자료는 없습니다만, 제가 생각하는 원인 중 하나는 수년 전에 시작된 빅데이터 열풍입니다. 물론 빅데이터와 SQL은 직접적인 관련이 있다고 보기는 힘듭니다. 빅데이터는 인터넷과 스마트폰을 통해 발생하는 수많은 비정형 데이터를 가리킨다고 볼 수 있는 반면, SQL은 정형화된 데이터를 처리하는 관계형 데이터베이스 관리 시스템에서 데이터를 다루는 데 사용하는 언어이기 때문입니다. 다만 데이터 분석 관점에서 본다면 빅데이터든 그렇지 않든, 성격만 다를 뿐 데이터는 데이터이기 때문에 데이터를 이리저리 가공하는 데 큰 장점을 지닌 SQL이란 언어가 뒤늦게나마 중요성을 인정받기 시작한 것이 아닐까 생각합니다. 또한, 최근에는 마케팅팀이나 기획팀에서 일하면서 SQL을 배우려는 사람도 증가하고 있어 이제는 더 이상 SQL이 IT 개발자의 전유물이 아니게 되었죠.

이 책은 SQL을 처음 접하는 분의 눈높이에 초점을 맞추었습니다. 보통 IT 관련 서적을 읽다 보면 딱딱하다는 느낌을 지울 수 없는데, 이 책은 그런 형식을 탈피해 술술 읽으면서 SQL을 배울 수 있도록 집필했습니다. 따라서 IT 업종에 있는 분은 상당히 쉽다고 느낄 수도 있겠지만, 처음 배우는 분에게는 최선의 지침서가 될 것으로 생각합니다. 부디 독자 여러분이 SQL에 한 걸음 가까이 다가가는 데 이 책이 큰 보탬이 되었으면 합니다.

이 책의 학습 방법

이 책은 편하게 읽을 수 있도록 만들었습니다. 애초에 출퇴근 중에 지하철에서 편하게 읽을 수 있는 책으로 기획했기 때문에 술술 읽으면서 내용을 이해할 수 있을 거예요. 목차 순서대로 쭉 읽으세요. SQL이 다른 프로그래밍 언어에 비해 쉽긴 하지만 깊이 들어가면 어렵기 때문에 초보자 눈높이에서 굳이 필요하지 않은 내용이라고 판단되는 부분은 과감히 생략하고 꼭 필요한 내용만 담았습니다.

읽다가 잘 이해되지 않는 부분이 있다면, 가령 4장을 읽다가 잘 이해되지 않는다면 일단은 4장 끝까지 다 읽고 난 후, 다시 처음부터 읽어 보세요. 여러 번 읽다 보면 어느 순간에 이해가 될 것입니다. 출근할 때 읽고, 퇴근할 때 다시 읽는 식으로요. 그 정도로 쉽게 읽고 학습할 수 있도록 내용을 구성했습니다. 책 본문에 관련 SQL 문과 그 동작 방식, SQL 문을 실행한 결과가 모두 나와 있으니 읽기만 해도 내용을 이해하는 데 무리가 없습니다. 하지만 그래도 SQL은 실습이 중요합니다. 즉, 직접 SQL 문을 작성하고 실행해 결과를 보는 것이 필요합니다. 따라서 출퇴근할 때 책을 읽고, 일과 시간이나 집에 와서 직접 실습해 보는 식으로 학습하면 빠른 시간 내에 실력이 향상될 것입니다.

이 책의 내용을 실습하기 위해서는 Oracle 11g Express 버전과 SQL Developer라는 툴을 설치해야 합니다. 자세한 설치 방법은 부록을 참고하세요. 이 책에 수록된 모든 SQL 문장과 데이터 입력에 필요한 SQL 문은 파일로 내려받을 수 있습니다. 예제 파일은 각 장별로 구분해 놓았으니 관련 파일을 쉽게 찾을 수 있을 거예요.

감사의 글

끝으로 이 책이 나오기까지 큰 도움을 주신 도서출판 길벗의 IT전문서 팀원 분들, 특히 이원휘 과장님께 깊은 감사를 드립니다. 그리고 항상 큰 힘이 되고 있는 가족들에게도 깊은 고마움을 표합니다.

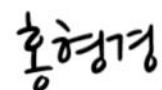

예제 파일 내려받기

이 책에 수록된 모든 SQL 문장과 데이터 입력에 필요한 SQL 문을 제공합니다. 다음 웹사이트를 참조하세요.

- **길벗출판사 웹사이트**: https://www.gilbut.co.kr/
- **길벗출판사 깃허브**: https://github.com/gilbutITbook/080202

예제 파일 구조 및 참고 사항

- 책에 수록된 모든 SQL 문장과 데이터 입력에 필요한 SQL 문을 장별로 구분해 놓았습니다.
- 3장부터 12장까지 각각 폴더로 구분되어 있으며 1, 2장은 실습이 없으므로 해당 폴더는 없습니다.

데이터 시각화 디자인을 하면서 데이터를 다루는 일이 필수가 되었습니다. 서버 개발자가 API로 준 데이터와 json을 바탕으로 디자인을 해오면서 SQL에 대해 기초부터 튼튼히 공부하고 싶은 마음이 있었습니다. 비전공자로 이 책을 접하기 전에는 쿼리 작성법에 대해서 자세히 알지 못했습니다.

이 책은 오라클을 이용해 SQL을 배워 볼 수 있습니다. 일상생활에서 생각할 수 있는 예시로 설명해 주어 쿼리문 개념을 이해하는 데 도움이 많이 됐습니다. 또 개념과 예제가 같이 담겨 있고 결과값까지 상세하게 보여줍니다. 예제를 따라 하면서 혼자 고민해 본 뒤 정답을 확인하고 다음으로 넘어갈 수 있어서 좋았습니다. 주로 실무에 활용할 만한 핵심 문법이 알차게 담겨 있습니다.

책에 실린 코드는 빠짐없이 잘 실행됩니다. 하루에 1강씩 따라 하면서 재미가 붙어 비전공자임에도 쉽게 SQL을 배울 수 있었습니다.

- **실습 환경** Windows 7(64비트), Oracle Database XE (18c), SQL Developer 18.3

황지연_데이터 시각화 디자이너

SQL을 처음 들어보지만, SQL을 독학한다면 또는 하루 만에 SQL을 마스터하고 싶다면 이 책을 먼저 펼쳐 보라고 추천하고 싶다. 어떻게 sql server를 설치하는지, 어떻게 데이터베이스를 만드는지, 또 어떻게 테이블을 만들고 데이터를 추가하는지 알려준다. 대부분의 책의 경우 SQL의 핵심 주제인 SELECT, JOIN 등부터 설명하는데, 이 작업을 하려면 우선 테이블을 만들고 데이터를 추가한 후에야 가능하다. 이렇게 SQL에 대해 아무것도 모르는 사람이 어떻게 설치하고 공부해 나가야 하는지 '초보자의 입장에서 순서대로' 알려준다. 책을 펼쳐서 그대로 따라하기만 하면 된다. 책을 읽으면서 이보다 더 쉽게 설명할 수는 없을 것 같다고 느꼈다.

- **실습 환경** Windows 10, Oracle Database 18c Express Edition, Oracle SQL Developer 18.4

임소현_성균관대학교 컴퓨터공학과 복수전공

DB란 무엇인가에 대한 아주 기초적인 지식부터 차근차근 설명하는 책으로 배경지식이 없는 초심자인 저도 편하게 읽을 수 있었습니다. 너무 복잡하거나 이론적인 부분에 대한 설명은 제외하고 최대한 편안하게 읽을 수 있게 서술된 것을 느낄 수 있었습니다.

- **실습 환경** Window10 Professional, Oracle Database 11g Express Edition Release 11.2.0.2.0 – 64bit Production

오은주_삼성전자

비전공자, IT업계 신입 6개월차입니다. 베타 테스터로 접한 이 책은 신입에게 필요한 RDBMS 기초 지식을 쌓는 데 큰 도움이 되었습니다. SQL을 처음 접하는 분들에게 추천합니다. 특히 테이블 조인 부분에서 기본 문법과 ANSI 문법의 특성을 동시에 설명해주신 점이 좋았습니다. SQL 쿼리에서 더 나아가 가공한 데이터 해석도 언급하고 있어 데이터 분석에 관심이 많은 분들께도 추천합니다.

- **실습 환경** Window10 Professional, Oracle Database, Oracle SQL Developer

안선영_티시스아이티

신입사원 옆자리에 앉은 선배가 하나하나 꼼꼼하게 가르쳐 주는 것 같은 책입니다. 편안한 문체와 다양한 예, 꼼꼼한 실습이 선배가 없어도 혼자 공부할 수 있게 도와줍니다. 처음 SQL을 접하는 분, 특히 기존 오라클 책의 볼륨에 질려 버린 분이라면 일주일 내에 오라클 데이터베이스와 친구가 될 수 있늘 것입니다.

- **실습 환경** Windows 10, Oracle 18C, Dbeaver Community Edition 6.0

박희원_삼성SDS

SQL에 입문하는 독자에 맞춰 설명되어 있어 이해하기 쉬웠습니다. 또한, 자주 사용하는 내용 위주로 설명해 지루하고 따분하지 않았습니다.

마지막에는 프로젝트를 제공하여 이론을 복습하는데, 여기까지 진행했다면 SQL을 다룰 준비가 되었다고 이야기해도 무방하리라 생각합니다. 물론 실전은 다른 이야기지만, 준비를 위한 밑 작업은 끝났다고 봐도 좋을 것입니다. SQL에 입문할 때 부담 없이 읽어볼 만한 책입니다.

- **실습 환경** macOS Mojave 10.14.4, DataGrip(MySQL, Oracle)

고명진_위플래닛 웹 개발 인턴, AUSG(커뮤니티) 운영진, Djangogirls Seoul(커뮤니티) 운영진

예전 회사에서 기술교육 담당 파트를 담당하면서 여러 엔지니어들과 커뮤니케이션하였던, 그러나 정작 저는 엔지니어가 아니어서 해당 분야의 기술을 끙끙대며 익혔던 시절을 떠올리며, 처음 SQL을 접하는 독자의 마음과 시각에서 읽고자 하였습니다.

시작부터 구어체 형태로 독자에게 쉽고 편안하게 접근하려는 저자의 의도를 알 수 있었습니다. 마치 시니어 엔지니어가 바로 옆에서 1:1로 튜터링해주는, 또는 온라인 강의를 해주는 느낌으로 술술 읽을 수 있었습니다. 비엔지니어 분들이 빠른 시간에 SQL의 개념과 감을 잡는 데 좋은 책이라고 생각합니다.

- **실습 환경** Windows 10 Enterprise 2016 LTSB, Oracle 11gR2, Oracle SQL Developer 버전 18.4.0.376

양진욱_SK planet

데이터베이스와 SQL에 관한 지식이 없는 사람도 쉽게 이해할 수 있게 잘 설명해 놓은 책입니다. 간단한 설명과 그에 맞는 예제가 잘 수록되어 있었습니다. SQL 기초부터 뒷부분의 좀 더 난이도 있는 실습까지 단계적으로 학습하기에는 최고의 책이 아닐까 싶습니다. 차근차근 혼자 공부하기에 좋았습니다. 또 현업에서 많이 사용하는 부분(Join, NVL 등)에 대한 코멘트도 많은데 이러한 부분이 특히 좋았습니다. 이 책은 처음 시작하는 사람에게도, 어느 정도 SQL에 익숙한 사람에게도 좋을 것 같습니다.

- **실습 환경** Windows 10, Oracle 11G Express, SQL Developer

김종건_GDG Cloud Korea

목 차

12장 SQL 실습 ····· 169

부록 A 오라클 및 SQL Developer 설치 ····· 193

1장

데이터, 데이터베이스 그리고 DBMS

1.1 데이터란 무엇일까요?

살아가면서 기억해야 할 것들이 있습니다. 누군가의 생일, 월급날이나 카드 결제일, 이번 주 일정 같은 것이죠. 이때 시간이 가면 갈수록 기억해야 할 정보는 점점 늘어나는 반면 기억력에는 한계가 있기 때문에 중요한 정보는 어딘가에 메모를 하거나 기록을 해야 합니다.

물론 정보를 모두 기억하거나 기록할 필요는 없습니다. 가령 영희를 좋아하는 철수는 영희의 생일을 잊지 않고 기억하기 위해 생일을 메모해 놓겠지만, 길동을 좋아하는 영희는 철수의 생일에는 관심도 없을 것입니다. 철수 입장에서는 영희의 생일이 중요한 정보지만, 영희는 철수의 생일보다 길동의 생일이 중요하겠죠.

이처럼 현실 세계에 있는 많은 사실(fact) 중에서 중요하며 관리가 필요하고 기록해 놓을 만한 가치가 있는 것을 데이터라고 정의하고 싶군요. 기록할 만한 가치가 있다는 것은 나중에 그 정보를 다시 찾아볼 필요가 있음을 의미합니다. 언제가 될지 모르지만 데이터를 기록한 사람은 필요한 데이터를 찾아서 사용할 것입니다. 새로운 이상형이 철수 마음속의 영희 자리를 차지하기 전까지 철수는 매년 영희에게 생일 선물을 하고 싶어할 테니까요.

역사적 관점에서 데이터를 살펴볼까요?

인류 역사에서 문자가 발명된 이후로 사람들은 끊임없이 데이터를 기록했습니다. 사실 문자란 것도 가치 있는 정보인 데이터를 기록해서 나중에 찾아보거나, 다른 사람 혹은 후손에게 정보를 전달할 목적으로 발명됐다고 봐도 큰 무리는 없겠지요. 고대 수메르나 이집트 문명에서도 상형문자를 사용해 중요한 정보를 남겨 놨습니다. 종이가 발명되기 전이라 건물 벽에 주로 기록했죠. 이때는 기록 자체가 어려운 일이어서 왕이나 권력을 가진 사람에 대한 정보만 기록됐습니다.

중국에서 종이가 발명되고 전파되면서 기록 작업은 더 손쉬워졌습니다만, 사람이 일일이 기록해야 하는 번거로움은 사라지지 않았습니다. 그러다가 활자가 발명되어 기록 방식에 혁명적인 발전을 이루면서 이전에 비해 데이터가 엄청나게 늘어납니다. 종이와 활자의 결합은 인류 역사뿐만 아니라 데이터 관점에서도 큰 획을 그은 사건이지요.

여러분은 데이터를 어디에 기록해 놓나요?

컴퓨터가 널리 사용되기 전에는 많은 사람이 수첩이나 다이어리에 데이터를 적어 놨습니다. 일기장이나 가계부도 훌륭한 기록 매체 역할을 했습니다. 하지만 일일이 펜으로 기록하는 방식은 서체가 나아지는 효과만 있을 뿐 불편한 점이 많습니다. 일단 데이터가 늘어남에 따라 수첩을 계속 사야 하는 경제적 불편함, 원하는 데이터를 찾는 데 오래 걸리는 시간적 불편함, 행여나 물에 젖어 잉크가 번져 버리는 재난적 불편함 등의 애로 사항입니다. 개인 차원에서는 불편함 정도로 그치겠지만, 기업이나 국가 차원에서는 문제가 될 수 있습니다. 그런데 이를 해결할 구원자가 나타났습니다. 그 주인공은 바로 컴퓨터입니다.

SQL

1.2 데이터베이스와 DBMS

컴퓨터가 발명되고 널리 사용되면서 사람들은 데이터를 컴퓨터 파일에 보관하기 시작했습니다. 데이터 저장 용량 측면에서 컴퓨터 파일은 수첩과 비교할 바가 못되었죠. 그러나 개인적으로 보면 파일도 훌륭한 데이터 관리 수단이지만, 방대한 데이터를 다루는 기업이나 국가 같은 경우에는 단순한 컴퓨터 파일 역시 해결책이 되지는 못했습니다.

여러분도 주요 문서 파일을 관리하면서 체계적인 기준으로 폴더를 만들어 나름 잘 정리한다고 생각했지만, 시간이 흐르고 파일이 많아지면 특정 파일을 어느 폴더에 저장했는지 몰라 파일 하나를 찾느라 한참 헤맨 경험이 한 번쯤 있을 것입니다. 개인도 이러한데 이와는 비교도 되지 않는 수많은 데이터를 관리하고 보관해야 할 기업이나 국가는 번거로움이 말할 필요도 없겠지요. 그래서 몇몇 IT 기업에서 방대한 데이터를 효율적으로 관리할 수 있는 컴퓨터 프로그램을 만들었는데, 이를 데이터베이스 관리 시스템(DBMS, DataBase Management System)이라고 합니다.

데이터베이스란 데이터를 모아 놓은 것으로, 이런 데이터베이스를 관리하는 소프트웨어가 바로 DBMS입니다. 데이터베이스를 관리한다는 것은 데이터베이스 안에 데이터를 저장하고, 필요한 데이터를 꺼내 보고, 저장된 데이터를 수정하거나 삭제하는 행위를 의미하는데, 이런 일련의 작업을 DBMS가 처리합니다.

DBMS 개념은 1960년대에 처음 소개됐습니다. DBMS의 종류로는 계층형, 관계형, 망형(네트워크형), 객체 지향형이 있습니다. 몇 년 전 빅데이터 열풍이 불면서는 NoSQL이란 기치를 내건 DBMS도 등장했습니다. DBMS란 용어도 처음 듣는데 종류도 이렇게 많다니 걱정되나요? 걱정 마세요. 이 책에서는 앞서 말한 DBMS 종류 중 '관계형'만 다룰 것입니다. 이 관계형 데이터베이스에서 사용하는 컴퓨터 언어가 바로 이 책의 주제이자 주요 내용인 SQL(Structured Query Language)입니다. 그럼 관계형 데이터베이스가 무엇이고 어떤 특징이 있으며 어떻게 발전해 왔는지 다음 장에서 살펴보도록 하죠.

2장

관계형 데이터베이스란?

2.1 관계형 데이터베이스 개념과 특징

DBMS가 소개된 것은 1960년대였지만, 본격적으로 발전하기 시작한 것은 1970년대입니다. 1970년대 초 당시 IBM에 재직 중이었던 에드거 프랭크 커드(Edgar Frank Codd)가 관계형 데이터베이스 개념을 처음으로 소개했죠. 관계형 데이터베이스 관리 시스템(Relational Database Management System), 즉 RDBMS는 관계형 모델을 기반으로 데이터베이스를 관리하는 시스템입니다. 그럼 관계형 모델이란 무엇일까요?

관계형 모델 개념을 한마디로 정리하면 테이블이라는 2차원 구조에 데이터를 성격에 맞게 분리해 가급적 중복되지 않게 저장하고, 필요한 데이터는 테이블 간에 관계를 맺어 추출하는 것입니다(물론 이외에도 몇 가지 특징이 더 있지만, 이 정도만 알아도 충분합니다). 이에 대해 좀 더 자세히 살펴보도록 하죠.

데이터를 관리하는 입장에서 접근해 보겠습니다. 데이터 관리는 크게 네 가지 유형으로 나눌 수 있습니다. 먼저 데이터를 어딘가에 입력해 저장해 두어야 합니다. 그리고 저장된 데이터를 조회할 수 있어야 하죠. 또한, 필요 없어진 데이터를 삭제하거나 기존에 저장된 데이터를 수정할 수 있어야 합니다. 각 유형을 좀 더 깊이 살펴봅시다.

- **데이터 저장 관점**: 필요한 데이터만 적재적소에 저장해 두는 것이 효율적입니다. 즉, 가급적 중복된 데이터는 저장하지 않는 것이 좋습니다.
- **데이터 조회 관점**: 원하는 데이터를 손쉽게 찾아볼 수 있어야 합니다.
- **데이터 수정 관점**: 특정 데이터만 골라내 원하는 값으로 수정할 수 있어야 합니다.
- **데이터 삭제 관점**: 원하는 데이터만 골라내 지울 수 있어야 합니다.

아직까지는 어렵지 않죠? 그런데 좀 깊이 생각해 보면 데이터를 저장하는 것과 원하는 데이터를 조회해 골라내는 것은 이해관계가 서로 상충될 수 있습니다. 간단한 예를 들어보죠. 책이 데이터이고 책장이 데이터베이스, 책을 책장에 넣는 행위가 데이터를 저장하는 것이라고 해 봅시다. 저장 측면에서 보면 가장 가까운 책장에 무작위로 책을 꽂는 것이 속도도 빠르고 효율적입니다. 반면 어떤 책을 찾으려 할 때는 책 제목이나 주제 등으로 분류해 넣는 것이 현명한 선택이죠. 하지만 이렇게 하면 무작위로 꽂아 둘 때에 비해 시간이 오래 걸립니다. 따라서 책을 꽂아 두고 보관하는 것과 나중에 책을 찾는 두 가지 행위를 되도록 효율적으로 처리할 수 있으면 좋겠죠. 데이터 저장과 조회도 마찬가지입니다.

이 같은 문제 외에도 넘어야 할 난관이 많습니다. RDBMS는 처음 소개되었을 때부터 지금까지 이에 대한 해결책을 제시해 왔습니다. 하지만 첫술에 배부를 수 없듯이 처음부터 문제를 모두 해결한 것도 아니고, 현재 시점에서 완벽히 해결했다고 볼 수도 없습니다. 또한, 제시한 해결책에는 단점도 있습니다. 그렇다고 RDBMS의 공로를 가벼이 여길 수는 없습니다. 최상은 아니어도 최선의 해결책을 제시하며 DBMS를 발전시켜 왔고, 또 꽤 잘 처리했기 때문이죠.

그럼 RDBMS의 특징을 살펴보도록 하죠.

2.1.1 데이터 저장소인 테이블

RDBMS는 2차원 형태의 테이블이라는 구조에 데이터를 저장하는데, 이는 개인적으로 봐도 최선의 선택이라고 생각합니다. 우리는 3차원의 세계(실제는 4차원이지만)에 살고 있기 때문에 사물을 보고 판단할 때 3차원이 익숙합니다. 따라서 그보다 한 단계 아래인 2차원은 말할 것도 없이 더욱 쉽게 파악할 수 있겠죠.

▼ 그림 2-1 회원정보를 저장하는 테이블 구조

컬럼(열)

로우(행)

이름	성별	나이	주소	...
홍길동	남	33	서울시 종로구 ...	...
김유신	남	45	서울시 종로구 ...	...
신사임당	여	38	부산시 중구 ...	...
...	...	...	...	...
...	...	...	...	...
...	...	...	...	...
...	...	...	...	...

테이블(table)은 우리가 흔히 말하는 표입니다. 영한 사전에 'TABLE'을 입력하면 '표'라고 나옵니다. 복잡한 내용을 표로 정리하니 자료를 이해하기 쉬웠던 경험은 누구나 한 번씩 있을 것입니다. 왜일까요? 복잡한 데이터가 한눈에 보기 쉽게 가로와 세로로 일목요연하게 정리되기 때문이죠. 테이블은 가로와 세로, 즉 열(컬럼)과 행(로우)으로 구성되어 있습니다. 이 책에서는 열과 행 대신 컬럼과 로우라는 용어를 사용하겠습니다. 실제 현장에서 컬럼과 로우라는 용어를 훨씬 더 많이 사용하므로 여러분도 이 용어에 익숙해져야 하기 때문입니다.

컬럼은 테이블을 구성하는 데이터의 속성(attribute)을 말합니다. 그림 2-1을 보면 첫 번째 컬럼은 이름을, 두 번째 컬럼은 성별을 나타냅니다. 이름 컬럼에는 누군가의 이름만, 성별 컬럼에는 그 사람의 성별만 들어가도록 미리 결정해 놓은 것이죠. 이런 컬럼들이 모여 하나의 테이블을 구성합니다. 반면 로우는 지정된 컬럼 데이터로 이루어진 하나의 묶음입니다. 따라서 컬럼별로는 이름, 성별처럼 그 성격이 다르지만, 로우별로는 '이름, 성별'이 한 묶음이 되어 성격이 다르지 않습니다.

뒤에서 자세히 다루겠지만, 컬럼이 테이블에 저장될 데이터 유형을 결정하므로 실제 테이블을 만들 때는 컬럼에 대한 내용만 기술합니다. 예를 들어 그림 2-1은 회원정보를 담은 테이블로서 회원과 관련된 정보인 이름, 성별, 나이 등의 데이터가 들어가 있습니다. 회원정보 테이블이니 이름, 성별 등의 데이터를 이 테이블에 넣기로 결정한 것이죠. 따라서 이 테이블을 정의할 때는 어떤 로우가 아닌 어떤 컬럼으로 구성할 것인지를 정하는 것이 당연합니다.

여기서 RDBMS의 단점 중 하나로 거론되는 문제가 나옵니다. 이는 컬럼과 관련된 것인데, 테이블 생성 시 컬럼의 유형을 정의하면 나중에 변경할 때 문제 발생 소지가 많다는 점입니다. 예를 들어 처음에는 회원정보와 관련된 데이터만 넣으려고 했는데, 주변 여건이 변하여 기존 컬럼을 삭제하거나 새로운 컬럼을 추가해야 하는 상황이 생길 수 있겠죠. 물론 불가능한 일은 아니며 쉽게 해결할 수 있습니다만, 컬럼 변경으로 인해 기존에 이 테이블을 사용했던 프로그램을 모두 수정해야 한다는 번거로움이 생깁니다.

또한, 요즘처럼 SNS를 통해 다양하고 변화무쌍한 유형의 데이터가 만들어지는 환경에서 하나의 컬럼에 다양한 유형의 데이터를 넣을 수 없다는 비판도 있습니다. 실제로 이는 불가능합니다. 왜일까요? 1970년대 소개된 RDBMS가 21세기도 십여 년이 훌쩍 넘은 현재의 여러 유형의 데이터까지 동적으로 처리하도록 설계되지 않았기 때문입니다(이런 비판은 마치 영화 터미네이터2의 모습을 자유자재로 바꾸는 액체 금속 터미네이터를 만들어내지 못한다고 말하는 것이나 다름 없습니다). 향후 새로운 기능의 RDBMS 제품이 나와 이 문제를 해결할 수 있을지는 모르겠지만, 아직까지는 처리할 수 없습니다. 현재 SNS로 만들어지는 데이터는 NoSQL 개념의 DBMS가 처리하고 있습니다. DBMS를 사용하는 기업 입장에서는 추가 비용이 들겠지만, 이런 문제는 데이터의 유형, 쓰임새, 목적에 맞는 DBMS를 사용해 해결하는 것이 현재로서는 바람직하다고 생각합니다.

2.1.2 관계 맺기

RDBMS의 R은 관계(relation)를 의미합니다. 그만큼 RDBMS에서 관계는 중요한 개념입니다. 그림 2-1은 회원정보를 저장하는 간단한 테이블로 이름, 성별,

나이뿐만 아니라 주소도 중요한 데이터입니다. 그런데 데이터 저장 관점에서 보자면 회원정보 테이블에 주소까지 저장하는 것은 다소 비효율적입니다. 주소는 다른 성격의 데이터에 비해 길고 중복 요소가 많기 때문이죠. 가령 서울시 중구 XX동에 사는 사람들을 생각해 봅시다. 꽤 인원이 많겠죠? 극단적으로 생각해 회원의 2/3가 서울시 중구 XX동에 산다고 할 경우(예를 들어 10만 명이라고 가정한다면), 회원정보 테이블에 주소 컬럼을 두고 '서울시 중구 XX동'을 저장해 놓으면 저장 공간이 크게 낭비됩니다. 주소는 이름이나 성별에 비해 데이터 크기가 큰데, 똑같은 데이터를 10만 건이나 저장해 갖고 있기 때문이죠.

한 테이블에 몰아넣는 대신 별도로 주소 테이블을 만들고, 회원정보 테이블에는 주소 테이블의 특정 주소를 가리키는, 데이터 크기가 작은 컬럼(보통 숫자형 컬럼을 사용합니다)을 둔다면 훨씬 효율적일 것입니다. 즉, 회원정보 테이블에 두면 중복 데이터가 발생하지만, 주소 테이블에 두면 '서울시 중구 XX동'이란 데이터는 10만 건이 아닌 한 건만 가지고 있으면 됩니다. 물론 연결고리 역할을 하는, 데이터 크기가 작은 컬럼은 회원정보와 주소 테이블 양쪽에 존재해야 합니다. 결국 회원정보 테이블에는 상대적으로 크기가 작은 10만 개의 연결고리 컬럼 데이터가 들어가겠지만, 주소 테이블에는 단 한 건만 저장해두면 됩니다.

일반적으로 연결고리 역할의 컬럼은 일련번호를 사용합니다. 이 컬럼 값을 순번으로 처리한다면 주소 테이블에는 1, 2, 3, 4, … 순으로 들어갈 테고, '서울시 중구 XX동'을 가리키는 컬럼 값이 10이라면 회원정보 테이블에는 10이란 값이 10만 개 들어갈 것입니다. 10만 개의 10과 10만 개의 '서울시 중구 XX동' 데이터의 크기는 비교할 필요도 없겠지요. 숫자로 저장해 놓는 게 효율적입니다.

정리하면 RDBMS의 가장 큰 특징인 관계는 데이터 성격에 맞게 테이블을 여러 개로 분리하고, 분리한 테이블 간에 연결고리 역할을 하는 컬럼을 두어 이 고리를 이용해 관계를 맺는 것을 말합니다. 앞으로 이 책을 보면서 느끼겠지만 이 방식은 꽤 효율적이고 합리적입니다.

그렇다면 어떤 테이블을 몇 개나 만들면 좋을까요? 데이터 성격에 맞게 테이블을 여러 개 만들고 이들 간의 관계를 결정하는 것을 데이터베이스 모델링(Modeling)이라고 합니다. 모델링은 책 한 권 분량의 내용이고, 모델링을 어떻게 하는가는 주어진 상황에 따라 천차만별입니다. 즉, 모델링은 정답이 없으며 구축하려는 데이터베이스 시스템의 성격에 따라 달라집니다. 또한, 별도의 모델링 이론도 학습해야 합니다. 따라서 모델링에 대해서는 자세히 다루지 않고 필요한 경우에만 간략히 설명하겠습니다.

2.1.3 키(Key) 컬럼

RDBMS에서는 데이터 무결성을 확보하고자 테이블에 반드시 하나의 키가 되는 컬럼을 두도록 권고하고 있습니다. 데이터 무결성(integrity)이란 무엇을 말하는 걸까요? 한 마디로 데이터의 정확성을 보장해 올바른 데이터를 유지하는 것을 의미합니다.

예를 들어 회원정보 테이블에는 동명이인이 여러 명 존재할 수 있습니다. 가령 홍길동이란 사람이 5명 있다고 하면 종로에 사는 홍길동인지 부산에 사는 홍길동인지 이름만으로는 식별하기가 어렵습니다. 우연히 홍길동 2명이 서로 이웃이라면 더욱 판별하기 어렵겠죠. 이름 컬럼에 홍길동으로 입력된 로우가 5건 존재하는 상황에서 특정 홍길동을 가려내야 할 때, 이런 역할을 하는 컬럼을 키 컬럼이라고 합니다.

좀 더 정확히 말하면 이를 기본 키(primary key)라고 하며, 테이블에서 특정 로우 데이터를 식별할 수 있는 값을 가진 컬럼을 말합니다. 가령 어느 사이트에 회원가입을 하려면 아이디를 입력해야 하는데, 입력한 아이디가 사용 가능한지 체크하는 기능이 있습니다. 사용하려는 아이디가 이미 사용 중이라면 다른 아이디를 입력해야 합니다. 즉, 해당 사이트 전체에서는 아이디가 유일한 값입니다. 이 경우 아이디가 바로 키 컬럼 역할을 합니다.

한 테이블 전체로 보면 기본 키 컬럼에는 유일한(unique)한 값이 들어갑니다. 테이블에 데이터가 100건 있다고 한다면, 기본 키의 유일한 값도 100개인 것이죠. 이런 특성 때문에 키 컬럼에는 보통 일련번호 형태의 숫자를 사용하는 경우가 많습니다. 참고로 이 책에서 사용할 오라클 RDBMS에서는 시퀀스(sequence)라는 별도의 데이터베이스 객체를 사용해 키 컬럼에 값을 넣는 것이 일반적입니다.

그럼 키는 언제 사용할까요? 특정 데이터를 수정하거나 삭제할 때 사용합니다. 5명의 홍길동이 각자 유일한 키 값을 가지고 있다면, 그 키 값을 이용해 원하는 홍길동의 데이터만 수정할 수 있죠. 5명 중 2명이 서로 이웃이라고 해도 키 값을 이용해 이 2명을 구별해낼 수 있습니다. 이런 일이 실제로는 없겠지만, 이웃이었던 2명의 홍길동이 같은 날 이사를 갔는데 하필이면 같은 동네로 이사를 가서 또 이웃이 됐다고 하더라도 키 값만 있으면 문제 없이 2명의 주소를 구분해 수정할 수 있습니다. 반면 이름만으로 검색해 처리한다면 홍길동 5명의 데이터가 모두 수정되거나 삭제되겠죠.

한 테이블에서 유일한 식별자 역할을 하는 키는 테이블 간 관계를 맺을 때도 사용됩니다. 그림 2-2에서 보듯이 회원정보와 주소 테이블은 주소 테이블에 있는 키 컬럼을 이용해 연결되어 있습니다. 이때 혼동하지 말아야 할 것이 1, 2, 3은 회원정보 테이블의 기본 키고, 연결고리가 되는 1001, 1002, 1003은 주소 테이블의 기본 키입니다. 그렇다면 회원정보 테이블에 있는 주소 id 컬럼은 뭐라고 부를까요? 이를 참조 키(foreign key)라고 합니다. 즉, 한 테이블에서 유일하게 로우를 식별하는 키를 기본 키, 다른 테이블의 기본 키와 연결고리가 되는 키를 참조 키라고 합니다.

정리하면 회원정보 테이블에서 1, 2, 3 값의 컬럼은 기본 키, 1001, 1002, 1003 값의 컬럼은 참조 키입니다. 같은 1001, 1002, 1003을 갖고 있더라도 주소 테이블에서는 이 컬럼이 기본 키가 되는 것이죠. 따라서 회원정보 테이블에서 참조 키 컬럼은 중복 값을 가질 수 있습니다. 반면 주소 테이블에서 기본 키는 중복 값을 가질 수 없죠. 왜냐하면 주소 테이블에서는 이 값들이 기본 키니까요.

▼ 그림 2-2 키 컬럼과 관계 맺기

회원정보 테이블 기본 키 / 회원정보 테이블 참조 키 / 주소 테이블 기본 키

키 컬럼	이름	성별	나이	주소id
1	홍길동	남	33	1001
2	김유신	남	45	1002
3	신사임당	여	38	1003
...	...	...	...	...
...	...	...	...	...

회원정보 테이블

키 컬럼 (주소)	도시	구	동	...
1001	서울시	종로구	평창동	...
1002	서울시	서대문구	연희동	...
1003	부산시	중구	중앙동	...
...	...	...	...	...
...	...	...	...	...

주소 테이블

2.1.4 트랜잭션 처리

트랜잭션(transaction)은 거래라는 뜻입니다. 그래서 트랜잭션을 설명할 때 은행 거래를 주로 예로 들죠. 가령 홍길동이 김유신에게 10만 원을 송금한다고 해 봅시다. 먼저 홍길동 계좌에서 10만 원을 인출한 다음 김유신 계좌에 10만 원을 입금해야겠죠. 그런데 거래 중간에 원인 모를 장애가 발생해 홍길동 계좌에서는 10만 원이 빠졌는데 김유신 계좌에는 10만 원이 입금되지 않았다면 어떻게 될까요? 사람들이 은행을 불신해 뱅크런 사태가 일어날지도 모릅니다.

장애가 발생하지 않으면 좋겠지만, 현실적으로 장애 발생 가능성은 존재합니다. 따라서 이런 경우에는 거래 자체를 없었던 것으로 처리합니다. 즉, 김유신 계좌에 10만 원이 입금되지 않는다면 홍길동 계좌에서 10만 원이 인출된 것을 없었던 것으로 처리하고, 김유신 계좌에 10만 원이 입금된 것을 확인한 후에 거래가 성사됐다고 처리하는 것입니다.

RDBMS에서도 마찬가지입니다. 한 테이블에 있는 특정 데이터를 삭제한 후 연이어 새로운 데이터를 입력한다고 가정해 보죠. 삭제하고 입력할 때 장애가 발생해 입력 작업만 이루어졌다면 제대로 처리된 것이 아닙니다. 그래서 최종 입력 작업이 완료되기 전에 오류가 발생하면 작업 전 상태로 되돌리고, 입력 작업이 정상적으로 끝난 후에 모든 변경 내용을 최종 적용합니다. RDBMS에

서 트랜잭션 처리는 원자성(atomicity), 일관성(consistency), 고립성(isolation), 지속성(durability) 이렇게 네 가지 요소로 구성되는데, 지금까지 설명한 내용을 이론적으로 정리한 것뿐이므로 이런 것이 있다는 정도로만 알고 지나가도 괜찮습니다.

2.2 RDBMS의 종류

앞에서 RDBMS란 데이터베이스를 관리하는 프로그램이라고 했습니다. 즉, 누군가 RDB의 개념을 적용해 제품으로 만들었다는 것이죠. 그럼 어떤 제품들이 있을까요? 지금부터 하나씩 알아보도록 하죠.

2.2.1 오라클

명실상부한 RDBMS의 대표주자입니다. RDBMS의 역사와 함께 발전해왔고, 현재도 시장점유율 1위를 차지하고 있습니다. 오라클(Oracle)은 제품 이름이자 회사 이름입니다.

오라클은 RDBMS의 특징 대부분을 구현하였고, 버전을 올리면서 기능을 계속 추가해 완성도를 높이고 있습니다. 1979년 v2 버전부터 시작해 2013년 12c 버전을 출시해 여러 곳에서 사용 중이며, 2018년에는 사율 주행 개념을 탑재한 18c 버전을 출시했습니다. 현재(2019년 4월)는 11g 버전이 많이 사용되며 12c 사용이 점차 증가하는 추세입니다. 가격이 비싸다는 단점이 있지만, 대용량 데이터를 빠른 속도로 처리하는 오라클 엑사데이터 제품이 출시되어 큰 인기를 얻고 있습니다.

2.2.2 IBM DB2

RDBMS 창시자인 E.F.커드 박사는 IBM 연구소에 재직할 당시 RDBMS 개념을 세상에 선보였습니다. 따라서 IBM에서 RDBMS 제품을 출시하는 것은 당연한 수순이었죠. IBM DB2는 1983년에 출시됐고 지금도 꾸준히 사용되고 있습니다. 시장 점유율은 오라클에 훨씬 못 미치지만, 많은 기업과 금융권에서 이 제품을 사용하고 있습니다.

2.2.3 MS-SQL Server

1989년에 마이크로소프트에서 사이베이스(Sybase) DB를 기반으로 MS-SQL Server를 만들었고, 이후 꾸준히 기능을 확장하며 조금씩 시장 점유율을 높이고 있습니다. 꽤 널리 사용되는 편이고 최근에 2019 버전까지 출시되었습니다(참고로 사이베이스도 점유율은 미미하지만, 사용하는 곳을 간간히 볼 수 있습니다).

2.2.4 MySQL

1995년에 출시된 MySQL은 오픈 소스 RDBMS 제품으로 무료로 사용할 수 있어 개인 및 중소기업으로부터 큰 인기를 끌었습니다. 2008년 썬 마이크로시스템즈에서 인수했고, 2010년 오라클이 썬 마이크로시스템즈를 인수하면서 자동으로 MySQL도 오라클 휘하에 들어가게 됐죠. 현재는 무료 버전과 상용 버전으로 나누어 제공되며 오라클과 MySQL이 각각 시장 점유율 1, 2위를 차지하고 있습니다.

2.2.5 PostgreSQL

객체 관계형 데이터베이스 관리 시스템 제품으로 전 세계로 보면 시장 점유율이 꽤 높은 편입니다. 일본과 미국에서도 꽤 인기 있는 제품이지만 국내에서는 많이 사용되지 않습니다.

2.2.6 MariaDB

MySQL을 만든 마이클 몬티 와이드니어스(Michael Month Widenius)는 썬 마이크로시스템즈가 오라클에 인수된 후 MySQL 발전 방향에 관해 오라클과 이견이 발생해 퇴사하고 MariaDB를 만들었습니다. MySQL의 My와 마이클의 딸 이름인 Maria를 합쳐 만들었다고 합니다. 참 멋지지 않나요? 창조자가 같아서인지 MySQL과 MariaDB는 거의 동일한데, 앞으로는 어떻게 될지는 모르겠군요. MariaDB는 누구나 무료로 사용할 수 있어 점유율을 조금씩 넓혀가고 있습니다. 라이선스 비용이 들지 않아서인지 최근 국내에서도 MariaDB를 사용한 프로젝트가 조금씩 늘어나고 있습니다.

이외에도 몇 가지 제품이 더 있지만 대표적인 제품은 모두 소개했습니다. https://db-engines.com/en/ranking에서 RDBMS뿐만 아니라 모든 DBMS 제품의 순위를 볼 수 있습니다. 2019년 2월 현재 1, 2, 3위는 각각 오라클, MySQL, MS-SQL Server가 차지하고 있네요.

이 책에서는 여러 제품 중에서 오라클을 사용할 것입니다. RDBMS의 대표 주자로서, 시장 점유율이 1위이며 성능도 좋고 SQL 표준도 꽤 잘 준수한 편이기 때문입니다. 가장 중요한 이유는 오라클은 제가 오랜 기간(약 20년) 동안 사용한 제품이라서 다른 제품에 비해 잘 알고 있고 또 익숙하기 때문입니다. 상용 제품이긴 하지만 개인이 사용할 수 있는 무료 버전도 제공하고 있습니다. 부록에 오라클 설치 방법을 자세히 실어 놓았습니다. 이 책의 실습을 직접 해 보고자 하는 분은 부록을 참고하여 오라클을 설치한 뒤 실습을 따라해 보세요.

3장

SQL 입문

3.1 SQL이란?

이 책의 궁극적인 목적은 SQL을 학습해 RDBMS 상에서 데이터를 원하는 대로 다루는 것입니다. 이번 장부터 본격적으로 SQL에 대해서 알아보도록 하죠.

SQL은 Structured Query Language의 약자로 RDBMS와 소통하는 프로그래밍 언어입니다. SQL은 우리말로 '구조화된 혹은 구조적인 질의 언어'라고 옮길 수 있는데, 이 이름만으로도 SQL에 대해 어느 정도 파악할 수 있습니다.

먼저 '구조적' 혹은 '구조화된'이란 것은 어떤 틀이나 형식이 정해져 있다는 말입니다. 영어에는 5가지 형식의 문장이 있습니다. 그런데 영어를 사용할 때 반드시 이 5가지 형식에 맞춰 말을 하거나 문장을 써야 할까요? 꼭 그렇지는 않습니다. 언어에 문법이 존재하긴 하지만, 언어는 대화 상대가 사람이기 때문에 융통성을 발휘할 여지가 많습니다. 며칠 전 지하철을 타려고 기다리던 중에 외국인 여성 한 분이 길을 물어봤는데, 알고 보니 반대편으로 건너가서 타야 했습니다. 그래서 반대편을 가리키며 "the other side, the other side"라고 했죠. 5형식에 위배되지만 그 여성은 곧바로 이해하고 고맙다고 하더군요. 하지만 SQL 같은 컴퓨터 언어는 다릅니다. SQL의 대화 상대는 융통성이 없는 컴퓨터이기 때문에 문법을 정확히 지켜야 합니다.

SQL은 질의(query) 언어입니다. SQL은 데이터베이스를 상대로 데이터를 조회, 입력, 수정, 삭제하기 위해 사용하는데, 이 모든 것이 질의에 속합니다. 또한, SQL은 집합적 언어입니다. 집합적이란 무슨 뜻일까요? SQL의 상대는 데이터이고, 데이터는 테이블에 저장되어 있습니다. 테이블은 특정 목적과 성격에 맞는 데이터를 모아 놓은 데이터 저장소입니다. SQL은 임의의 조건에 부합한다면 이를 충족하는 데이터 전체를 읽거나 삭제하거나 수정하거나 입력하는 기능을 수행합니다. 즉, 데이터를 한 건씩 처리하는 게 아니라 조건에 맞는 데이터 전체를 한 번에 처리하기 때문에 SQL을 집합적 언어라고 합니다.

처음 세상에 나온 후 40여 년 동안 SQL은 그 존재와 능력을 충분히 검증 받았습니다. 이 기간 동안 부족한 기능은 추가되고 보완됐으며 표준도 만들어졌죠. 표준이 존재한다는 것은 RDBMS 제품의 종류에 구애 받지 않고 SQL을 사용할 수 있다는 뜻입니다. 마치 운전만 할 수 있다면 한국이든 미국이든 유럽이든 어디서나 어떤 제조사의 자동차도 운전할 수 있는 것과 같죠. 물론 RDBMS 제품의 종류에 따라 사용법이 조금씩 다르긴 하지만, 큰 틀에서 보면 그 차이는 크지 않습니다.

3.2 SQL 표준

SQL 표준은 ANSI(미국 국가표준 협회, American National Standards Institute)와 ISO(국제 표준화 기구, International Organization for Standardization)가 있습니다. 앞에서도 말했지만 표준이 존재한다는 것은 RDBMS 제조사에 상관없이 SQL을 동일한 형태로 사용할 수 있다는 뜻이죠. 하지만 현실은 그렇지 않습니다. 왜일까요?

RDBMS 상용 제품이 나온 것은 1970년대 후반이며, 이후 여러 제조사에서 앞다투어 제품을 출시했습니다. 하지만 SQL 표준은 1986년이 되어서야 최초로 ANSI의 SQL-87이 만들어졌죠. 상용 제품보다 표준이 늦게 제정된 것입니다. 이런 시간 차이로 인해 이미 제품을 출시한 측과 ANSI와의 충돌이 불가피해졌습니다. 이해를 돕기 위해 한 가지 예를 들어 보죠. A사는 두 수를 곱하는 연산자를 ×로 정의해 자사 제품에 적용해서 몇 년간 별 탈 없이 사용하고 있었습니다. 그런데 느닷없이 표준이 등장해 곱하기 연산자는 *라고 발표했다면 A사는 입장이 난처해질 것입니다. 표준을 무시하고 독자적으로 계속 '곱하기는 ×'로

갈 수도 있겠지만, 이는 현명한 선택이 아닙니다. 그렇다고 ×를 *로 변경하는 것도 쉬운 일은 아니죠.

여하간 SQL 표준은 계속 발표되었고, RDBMS 제조사들도 버전을 올리며 가급적 표준을 준수하는 방향으로 수정해 가면서 표준과 실제 제품 기능의 격차를 줄이려고 노력했습니다. 예를 들어 곱하기 연산자인 ×는 이전 버전과의 호환성을 유지하기 위해 그대로 두고, 동시에 * 연산자도 사용할 수 있는 방식으로 문제를 해결해 나갔습니다.

이런 이유로 RDBMS 제품별로 SQL 사용법에는 차이가 있습니다. 또한, 표준에는 나와 있지 않지만 각 제조사별로 유용하다고 판단되는 기능을 자사 제품에 넣기도 했죠. 따라서 어느 한 제품을 대상으로 SQL을 학습하면 다른 제품에서 SQL을 쓰는 데 큰 불편은 없을 것입니다(물론 제품에 따라 차이의 폭은 다릅니다).

SQL

3.3 SQL의 종류

이 절에서 말하는 SQL의 종류는 제조사별 제품에서 지원하는 SQL의 차이점이 아닌 SQL이 처리하는 문장의 성격에 따라 분류한 것을 말합니다. SQL은 크게는 두 가지, 좀 더 세분하면 네 가지 유형으로 나눌 수 있는데, 하나씩 알아보도록 하죠.

3.3.1 DDL

RDBMS에는 테이블 외에도 뷰, 인덱스, 시퀀스 등 여러 데이터베이스 객체가 있습니다. 이 객체들을 생성하고 삭제하고 수정하는 데 사용되는 SQL을 DDL(데이터 정의어, Data Definition Language)이라고 하며, DDL에는 다음과 같은 것이 있습니다.

- CREATE: 객체를 생성합니다.
- DROP: 객체를 삭제(제거)합니다.
- ALTER: 객체를 변경합니다.
- TRUNCATE TABLE: 테이블에 있는 모든 데이터를 삭제합니다.
- RENAME: 객체 이름을 변경합니다.

3.3.2 DML

DML(데이터 조작어, Data Manipulation Language)은 가장 많이 사용하는 SQL 문입니다.

- SELECT: 테이블이나 뷰에서 데이터를 조회합니다.
- INSERT: 데이터를 입력합니다.
- UPDATE: 기존에 저장된 데이터를 수정합니다.
- DELETE: 테이블에 있는 데이터를 삭제합니다.
- MERGE: 조건에 따라 INSERT와 UPDATE를 수행합니다.

위의 설명을 보면 테이블에 있는 데이터를 지우는 문장에는 TRUNCATE TABLE과 DELETE가 있습니다. TRUNCATE TABLE은 DDL이고, DELETE는 DML이죠. 둘의 차이는 무엇일까요? TRUNCATE TABLE 문을 실행하면 테이블에 있는 모든 데이터가 삭제되고, 그걸로 끝입니다. 따라서 실수로 TRUNCATE TABLE 문을 실행했다면 데이터가 모두 사라져서 돌이킬 수 없습니다. 반면 DELETE는 조건에 맞는 데이터만 선별해 삭제할 수 있으며, 잘못 삭제했다고 판단되면 삭제 이전 시점으로 복원할 수 있습니다. 따라서 데이터를 삭제할 때는 DELETE 문을 사용합니다.

3.3.3 TCL

TCL(트랜잭션 제어어, Transaction Control Language)은 2장에서 설명했던 트랜잭션을 처리하는 SQL 문입니다.

- COMMIT: DML로 변경된 데이터를 DB에 적용합니다.
- ROLLBACK: DML로 변경된 데이터를 변경 이전 상태로 되돌립니다.

INSERT, DELETE, UPDATE, MERGE는 데이터를 변경하는 문장입니다. 앞에서도 말했듯이 실수로 중요한 테이블에 있는 데이터를 모두 삭제해버렸다면 큰일이겠죠. TCL은 이런 실수를 방지하기 위해 한 번 더 체크하는 기능을 수행합니다. 즉, 데이터를 삭제한 뒤 COMMIT 문을 실행해야 삭제된 내용이 최종적으로 DB에 적용됩니다. 실수로 데이터를 지웠을 경우 ROLLBACK 문을 실행하면 지우기 전 상태로 돌아갈 수 있습니다. DELETE뿐만 아니라 INSERT, UPDATE, MERGE 문 모두 마찬가지입니다.

3.3.4 DCL

DCL(데이터 제어어, Data Control Language)은 객체에 대한 권한을 할당하거나 회수하는 SQL 문을 말합니다.

- GRANT: 객체에 대한 권한을 할당합니다.
- REVOKE: 객체에 할당된 권한을 회수합니다.

어느 RDBMS든지 이를 사용하려면 사용자(user)를 만들고 이 사용자로 로그인해야 합니다. 또한 테이블 등 데이터베이스 객체를 사용하려면 사용할 수 있는 권한이 있어야 하는데, 사용자에게 권한을 할당하거나 회수하는 역할을 하는 것이 DCL입니다.

지금까지 설명한 DDL, DML, TCL, DCL 중 데이터를 직접 조작하는 DML을 가장 많이 사용합니다.

제 경험으로 보면 SQL 사용 빈도를 100%로 봤을 때 DML 사용빈도가 97%, DML 중에서도 SELECT 문의 사용 빈도가 85~90%였습니다. 따라서 이 책에서도 DML, 그 중에서 SELECT 문을 주로 다룰 것입니다.

SQL

3.4 테이블 생성

이전 절에서 소개했던 DDL 문의 하나인 CREATE 문을 사용해 테이블을 만들 수 있습니다.

3.4.1 테이블 생성 구문

테이블은 CREATE TABLE 구문으로 생성하는데, 그 구문은 다음과 같습니다.

```
CREATE TABLE table_name (
     column_name1  datatype  [NOT] NULL,
     column_name2  datatype  [NOT] NULL,
     ...
     PRIMARY KEY ( column_list )
     );
```

- table_name: 테이블 이름을 명시합니다.
- column_name1, column_name2: 컬럼 이름을 명시합니다.
- datatype: 컬럼의 데이터 유형을 명시합니다.
- [NOT] NULL: 해당 컬럼이 NULL을 허용할지 여부를 명시하는데, 생략하면 NULL을 허용한다는 의미입니다.

어려운 내용은 아니지만 용어가 익숙하지 않아서 어렵게 느껴질 수도 있습니다. 하나씩 살펴보도록 하죠.

2.1.1 데이터 저장소인 테이블 절에서 언급했듯이 테이블을 생성할 때는 로우가 아닌 컬럼에 대해서만 정의합니다. 테이블 이름과 컬럼 이름은 원하는 대로 정의할 수 있지만, 몇 가지 제약 사항이 있습니다. 오라클의 제약 사항은 다음과 같습니다.

- 30byte를 넘지 않습니다.
- 언더스코어(_), 문자, 숫자를 사용할 수 있지만, 이름의 첫 문자는 반드시 문자로 시작합니다.

이름을 지을 때는 이 두 가지만 기억하면 됩니다. 한글로도 테이블 이름을 만들 수 있긴 하지만, 한글의 경우 설치된 오라클 설정에 따라 한 글자가 2byte나 3byte가 될 수 있으니 30byte를 넘지 않도록 주의해야 합니다. 보통은 영어로 테이블이나 컬럼 이름을 만들며 이렇게 하면 최대 30자까지 만들 수 있습니다.

테이블 이름은 누가 봐도 어떤 용도의 테이블인지 알 수 있도록 짓는 것이 좋습니다. 가령 사원정보를 담고 있는 테이블이라면 employees, 제품 정보를 담고 있다면 products 같이 짓겠죠. 컬럼도 마찬가지입니다. 사원 아이디라면 emp_id 혹은 employee_id, 제품 아이디라면 product_id처럼 짓는 것이 좋습니다.

3.4.2 컬럼의 데이터형

두 번째로 컬럼의 데이터 유형을 명시해야 합니다. 여기서 얘기가 좀 길어질 것 같군요.

늘 사용하는 일반적인 데이터를 생각해 보면 대부분의 데이터는 문자나 숫자로 분류할 수 있고, 하나 덧붙이면 날짜 데이터까지 포함할 수 있습니다. 오라클을 포함한 대부분의 RDBMS에서는 이 세 종류의 데이터 유형을 좀 더 세분화했습니다. 어떻게 세분화했는지 표 3-1을 통해 살펴보죠.

▼ 표 3-1 오라클에서 제공하는 대표적 데이터형

데이터 유형	데이터형	설명
문자형	CHAR(n)	고정 길이 문자, 최대 2000byte
	VARCHAR2(n)	가변 길이 문자, 최대 4000byte
숫자형	NUMBER[(p, [s])]	p(1~38, 디폴트 값은 38)와 s(-84~127, 디폴트 값은 0)는 십진수 기준, 최대 22byte
날짜형	DATE	BC 4712년 1월 1일부터 9999년 12월 31일까지 년, 월, 일, 시, 분, 초까지 입력 가능

사실 표 3-1에 나온 것보다 더 많은 데이터형이 있지만, 이 네 가지만 사용해도 웬만한 데이터는 모두 다룰 수 있습니다.

문자형 데이터형의 괄호 안 n은 숫자를 의미합니다. 가령 VARCHAR2(10)이라고 하면 VARCHAR2형 문자를 10byte 사용하겠다는 것이죠. 즉, 데이터를 10byte까지 해당 컬럼에 입력할 수 있다는 의미입니다. 만약 10byte를 넘어가면 데이터 입력 시 오류가 발생합니다.

그렇다면 CHAR와 VARCHAR2의 차이점은 무엇일까요? CHAR는 고정 길이, VARCHAR2는 가변 길이입니다. 만약 CHAR(10)형으로 컬럼을 만들고 'A'란 문자를 넣었을 경우 이 데이터의 크기는 1byte가 아닌 10byte가 됩니다. 고정으로 10byte를 차지하는 거죠. 반면 VARCHAR2(10)형으로 컬럼을 만들어 'A'란 문자를 넣었을 경우 이 데이터의 크기는 1byte입니다. 'AB'란 문자의 경우 2byte를 차지합니다. 한마디로 VARCHAR2형으로 컬럼을 만들면 실제 들어가는 데이터에 따라 크기가 정해지지만, CHAR형의 경우는 무조건 테이블 생성 시 설정한 크기로 고정됩니다. 따라서 특별한 경우가 아닌 한 문자 컬럼은 무조건 VARCHAR2로 만드는 것이 좋습니다. 기억하기도 쉽고요. 문자형 컬럼은 VARCHAR2형으로 만든다는 것이 첫 번째 공식입니다.

이번에는 숫자형인 NUMBER에 대해 알아보죠. 숫자에는 크게 정수와 실수가 있고, 실수는 소수점이 있죠. 컴퓨터가 숫자를 저장하고 표현하는 방식은 꽤 복잡하지만, 이런 세부적이고 복잡한 내용까지 굳이 알 필요는 없습니다. 앞에서 '문자 데이터를 위한 컬럼은 VARCHAR2로 만든다'라는 공식을 소개했습니다. 여기서 또 하나의 공식을 소개합니다. 숫자를 저장하고 표현하는 여러 가지 방식이 있지만, '숫자 데이터를 위한 컬럼은 NUMBER형으로 만든다'라는 공식입니다. 즉, NUMBER형으로 만들면 웬만한 숫자는 모두 저장하고 표현할 수 있습니다.

NUMBER형도 크기를 지정할 수 있습니다. 표 3-1에서 NUMBER[(p, [s])]라고 표기했는데, [](대괄호)는 생략이 가능하다는 의미입니다. 크기를 지정하지 않으면 기본적으로 38자리 숫자까지 들어갑니다. 즉, p 값을 지정하지 않을 경우 오라클은 자동으로 데이터를 38자리 크기로 만들어 줍니다. 여기서 38자리라는 것은 1234…9999라는 수가 38자리 수임을 뜻하는 것이 아니라 유효숫자 개수가 38이라는 것을 의미합니다. s 값도 생략이 가능한데 기본 값은 0입니다. s 값은 소수점 이하 유효숫자 자리 수를 지정하는데, 고정 소수점 숫자를 지정할 때 사용힙니다. p만 명시하면 부동 소수점 숫자를 사용하는 것입니나.

유효숫자, 고정 소수점, 부동 소수점 같은 수학 용어가 나와서 복잡해져 머리가 아프군요. 제가 해결해 드리겠습니다. 그냥 숫자는 NUMBER형으로 만드세요. 두 번째 공식입니다.

이제 날짜 데이터형인 DATE형으로 넘어가죠. 오라클의 DATE형은 년-월-일, 시-분-초 단위까지 저장할 수 있습니다. 더 세밀하게 저장할 수 있는 TIMESTAMP형도 있기는 하지만, 날짜는 무조건 DATE형으로 만드세요. 세 번째 공식입니다.

지금까지 내용을 한 줄로 정리하면 이렇습니다. 테이블을 생성할 때는 컬럼 이름과 그 컬럼의 데이터형을 명시해야 하는데, 문자는 VARCHAR2형, 숫자는 NUMBER형, 날짜는 DATE형으로 생성하세요.

3.4.3 NULL

NULL은 데이터가 없음을 의미합니다. 컬럼을 정의할 때 NULL을 넣는 이유는 해당 컬럼에 값이 들어가지 않을 수 있다고 정의하기 위해서입니다. 반면 NOT NULL로 명시하면 해당 컬럼에는 반드시 값이 들어가야 합니다.

값이 반드시 들어가야 하는 경우와 그렇지 않은 경우 중 어떤 경우가 많을까요? 당연히 값이 들어가지 않아도 되는 경우가 많겠죠. 따라서 컬럼 정의 시 아무것도 명시하지 않으면 기본적으로 NULL이 들어가도록 오라클이 우리 대신 NULL을 자동으로 명시해 줍니다.

반면 해당 컬럼의 성격상 반드시 값이 들어가야 하는 경우에는 NOT NULL을 명시해 줘야 합니다. 만약 NOT NULL로 명시한 컬럼에 값을 넣지 않으면 입력 시 오류가 발생하고 입력 작업이 취소됩니다.

3.4.4 기본 키

2장에서 설명했던 것처럼 기본 키(primary key) 컬럼은 테이블에서 유일한 값을 식별하는 역할을 하며, 테이블 당 1개만 만들 수 있습니다. 컬럼 1개로 만들 수도 있고 여러 컬럼을 결합해 만들 수도 있습니다. 기본 키를 구성하는 컬럼이 1개뿐인 경우에는 다음과 같이 컬럼 정의 시 PRIMARY KEY 구문을 넣어 생성할 수 있습니다.

```
Column_name1   VARCHAR2(10)  NOT NULL PRIMARY KEY,
...
```

다시 한 번 강조하지만 기본 키 컬럼은 NOT NULL 컬럼이어야 합니다. 기본 키에 속하는 컬럼이 여러 개인 경우에는(1개인 경우도 마찬가지) 모든 컬럼을 정의한 뒤 마지막에 다음과 같이 명시합니다.

```
...
PRIMARY KEY ( column1, column2, … )
```

기본 키 값에 중복된 값을 입력하면 오라클은 오류를 반환하며 해당 입력 작업은 취소됩니다. 참고로 오라클은 기본 키를 생성하면 자동으로 해당 키 컬럼에 유일한(unique) 인덱스를 만들어 줍니다.

3.4.5 테이블 생성

지금까지 배운 내용을 토대로 테이블을 직접 만들어 보도록 하죠. 2장에서 설명했던 회원정보 테이블과 유사한 형태의 사원정보 테이블을 만들어 볼 텐데, 이 테이블 정보를 표 3-2에 정리해 봤습니다.

▼ 표 3-2 사원정보 테이블(테이블 명은 emp03)

컬럼 명	컬럼 설명	데이터형	NULL	기본 키
emp_id	사원번호	NUMBER	NOT NULL	Y
emp_name	사원 명	VARCHAR2(100)	NOT NULL	
gender	성별	VARCHAR2(10)	NULL	
age	나이	NUMBER	NULL	
hire_date	입사일자	DATE	NULL	
etc	기타	VARCHAR2(300)	NULL	

emp_id 컬럼은 기본 키 컬럼이므로 NOT NULL을 명시했습니다. 그런데 emp_name 컬럼은 기본 키도 아닌데 왜 NOT NULL을 명시했을까요? 사원정보 테이블이므로 사원의 이름은 반드시 들어갈 것이라고 판단해 NOT NULL을 명시했습니다. 이름이 없는 사람은 없으니까요. 물론 NULL로 명시해도 됩니다. gender나 age 컬럼도 성별과 나이를 의미하므로 NOT NULL을 명시해야 할 것 같지만 여기서는 그렇게 하지 않았습니다. 이유는 특별히 없습니다. 그냥 제 임의로 만들었습니다. 제가 emp03 테이블 설계자니까요. 기본 키가 아닌 컬럼에 NULL 혹은 NOT NULL을 명시하는 것은 전적으로 테이블 설계자의 몫이자 책임입니다. 해당 테이블과 컬럼 성격에 따라 NULL 허용 여부를 결정하는 것입니다.

표 3-2의 정보를 참조해 CREATE TABLE 구문을 만들어 봅시다. 다음 내용을 보지 말고 일단 여러분 스스로 구문을 만들어 보세요. 사원정보 테이블 구문은 다음과 같습니다.

쿼리 3-1 emp03 테이블 생성

```
CREATE TABLE emp03
(
   emp_id      NUMBER          NOT NULL,
   emp_name    VARCHAR2(100)   NOT NULL,
   gender      VARCHAR2(10)        NULL,
   age         NUMBER              NULL,
   hire_date   DATE                NULL,
   etc         VARCHAR2(300)       NULL,
   PRIMARY KEY ( emp_id )
);
```

생각한 것과 일치하나요? 지금까지 배운 내용만 잘 이해했다면 그리 어렵지 않습니다. 이제 실제로 쿼리 3-1을 실행해 봅시다. 부록에 나와 있는 SQL Developer를 실행해 로그인하고 SQL 워크시트 창을 하나 엽니다. 그리고 쿼리 3-1의 내용을 작성한 뒤 F5 키를 클릭하세요. 정상적으로 생성됐다면 스크립트 출력 창에 "Table EMP03이(가) 생성되었습니다."라는 메시지가 보일 거예요.

이제 다음 쿼리 3-2를 실행해 보세요.

쿼리 3-2 emp03 테이블 조회

```
SELECT *
  FROM emp03;
```

▼ 그림 3-1 쿼리 3-2를 실행한 결과

EMP_ID	EMP_NAME	GENDER	AGE	HIRE_DATE	ETC

쿼리 3-2는 방금 생성한 emp03 테이블을 조회하는 SELECT 문장입니다. SELECT 문은 뒤에서 자세히 다룰 것입니다. 아마 여러분도 지겹도록 사용하게 될 거예요. 다시 SQL 워크시트 창에 이 쿼리를 작성하고 F5나 F9 키를 누르면 문장이 실행됩니다. 현재는 아무 데이터도 없으므로 조회 결과로 아무것도 나오지 않습니다.

참고로 테이블 조회할 때 나오는 컬럼은 기본적으로 대문자로 표시됩니다. 쿼리에서 소문자를 쓴 이유는 SELECT, INSERT, UPDATE 등의 DML 문장 작성시 SELECT, FROM, WHERE, INSERT INTO, VALUES, UPDATE, SET 등과 같은 키워드는 대문자로 표시하고, 테이블 명이나 컬럼 명은 소문자로 나타내야 가독성이 좋기 때문입니다. 이러한 키워드들은 오라클에서 쓰는 예약어로 변경도 안 되고, 테이블 명이나 컬럼 명으로도 사용할 수 없습니다. 테이블 명이나 컬럼 명은 만드는 사람 마음이므로 저는 소문자로 구분해 표시한 것뿐입니다. 해당 SQL 문장의 가독성을 좋게 하기 위해서라는 점만 알아두세요.

이번 장에서는 간단하게 테이블을 생성해 봤습니다. 그렇게 어려운 내용은 아니지만, 처음 접하는 분은 새로운 개념을 단번에 이해하기 힘들 수 있습니다. 여러 번 읽으면서 이해해 보세요. 앞으로 이 책을 학습해 가면서 필요한 테이블은 그때그때 생성할 예정입니다. 또 여기서 다루지 않은 새로운 내용도 필요한 경우 추가로 설명하겠습니다.

4장

데이터 입력과 삭제

국내외를 막론하고 SQL을 다루는 대부분 책에서는 DML 문장 중 SELECT 문을 제일 처음에 다룹니다. 데이터를 조회하는 SELECT 문은 DML의 대표 격이고, 실제로 가장 많이 사용하며 가장 기본적인 문장이기 때문입니다.

하지만 이 책에서는 이런 틀을 깨고 데이터 입력과 삭제를 처리하는 INSERT와 DELETE 문을 먼저 다루고자 합니다. 왜일까요? 테이블에 데이터가 들어 있어야, 즉 조회할 데이터가 있어야 SELECT 문장을 사용하는 의미가 있기 때문입니다. 그런데 지금은 테이블을 생성하는 방법만 배운 상태입니다. 따라서 테이블에 데이터를 넣는 INSERT 문에 대해 먼저 설명하고, 이를 토대로 테이블에 실제로 데이터를 넣어 보는 것이 학습 흐름상 논리적으로 타당하다고 생각하기 때문입니다. 그리고 기왕 INSERT 문을 설명하는 김에 그 반대 역할을 하는 DELETE 문까지 다루도록 하겠습니다.

4.1 데이터 입력, INSERT 문

SQL, 특히 DML 문장 중에서 데이터 입력 기능을 하는 것은 INSERT 문뿐입니다. 거두절미 하고 INSERT 문의 구문을 살펴보죠. 가장 기본적인 형태의 INSERT 구문은 다음과 같습니다.

INSERT 구문 1

```
INSERT INTO 테이블 명 ( column1, column2, column3, … )
VALUES ( 값1, 값2, … );
```

테이블에 데이터를 입력하는 데 필요한 정보는 크게 테이블 명, 컬럼 명과 개수, 컬럼에 들어갈 데이터 이렇게 세 가지로 구분할 수 있습니다. 따라서

INSERT 문도 이 세 가지 정보가 필요합니다. INSERT INTO 다음에 테이블 명을 명시하고 입력할 컬럼을 콤마(,)로 구분해 괄호 안에 넣습니다. 컬럼에 들어갈 데이터는 VALUES 다음에 실제 입력할 값을 콤마로 구분해 괄호 안에 넣습니다. 이때 주의할 점은 컬럼을 명시한 순서와 값의 순서가 같아야 한다는 것입니다. 또한, 데이터형도 서로 맞아야 합니다.

실습을 통해 INSERT 문의 동작 방식을 알아보죠. 먼저 데이터를 넣을 테이블이 필요한데, 3장에서 만들었던 사원정보 테이블인 emp03 테이블을 사용해 봅시다. 이 테이블에는 총 6개의 컬럼이 있었는데, 이 절에서는 다음 표 4-1에 나온 값을 각 컬럼에 넣어 보도록 하죠.

▼ 표 4-1 emp03 테이블에 넣을 사원정보 데이터

EMP_ID	EMP_NAME	GENDER	AGE	HIRE_DATE	ETC
1	홍길동	남성	33	2018-01-01	
2	김유신	남성	44	2018-01-01	
3	강감찬	남성	55	2018-01-01	
4	신사임당	여성	45	2018-01-01	

먼저 emp_id 값이 1인 홍길동 데이터를 입력하는 INSERT 문을 만들어 보겠습니다.

쿼리 4-1 기본 INSERT 문장

```
INSERT INTO emp03 ( emp_id, emp_name, gender, age, hire_date )
VALUES ( 1, '홍길동', '남성', 33, '2018-01-01' );
```

앞에서 설명한 대로 INSERT 문장을 만들었는데, 이때 주의할 점이 있습니다. emp_name, gender 컬럼은 그 데이터형이 VARCHAR2형으로 문자를 의미합니다. 따라서 실제 넣는 값도 문자 데이터이므로 값을 따옴표로 묶어야 합니다. 반면 숫자형인 age 컬럼 값은 따옴표로 묶을 필요가 없습니다. 문제는 날짜형인

hire_date란 컬럼인데, 이 역시 따옴표로 묶었습니다. 문자가 아닌 날짜형인데 왜 이렇게 했을까요? 결론부터 말하면 '2018-01-01'이라고 문자처럼 넣었지만 오라클이 우리 대신 이를 날짜로 변환해서 넣어줍니다. 이에 대해서는 SQL 연산자와 함수를 다루는 6장에서 좀 더 자세히 설명하도록 하죠.

쿼리 4-1을 SQL Developer에서 실행해 보세요. 별 문제 없다면 "1 행 이(가) 삽입되었습니다."라는 메시지가 보일 것입니다. 즉, 성공적으로 입력됐다는 말입니다. 확인해 볼까요?

쿼리 4-2 emp03 테이블 조회

```
SELECT *
FROM emp03;
```

▼ 그림 4-1 쿼리 4-2를 실행한 결과

EMP_ID	EMP_NAME	GENDER	AGE	HIRE_DATE	ETC
1	홍길동	남성	33	2018-01-01	(null)

아직 설명도 안 한 SELECT 문이 등장했지만, 일단은 넘어가도록 하죠. 쿼리 4-2를 실행하면 그림 4-1처럼 방금 입력한 데이터 1건이 조회될 것입니다. 첫 시도치고 나쁘지 않군요. 그럼 나머지 데이터도 입력해 봅시다.

쿼리 4-3 emp03 테이블 INSERT 문

```
INSERT INTO emp03 ( emp_id, emp_name, gender, age, hire_date )
VALUES ( 2, '김유신', '남성', 44, '2018-01-01' );

INSERT INTO emp03 ( emp_id, emp_name, gender, age, hire_date )
VALUES ( 3, '강감찬', '남성', 55, '2018-01-01' );

INSERT INTO emp03 ( emp_id, emp_name, gender, age, hire_date )
VALUES ( 4, '신사임당', '남성', 45, '2018-01-01' );
```

쿼리 4-3을 실행해 봅시다. SQL Developer 창에서 쿼리를 입력하고 F5 키를 누릅니다. 오라클에서는 SQL 문장 다음에 세미콜론(;)을 입력하면 한 문장이 끝났다는 표시로, 쿼리 4-3은 총 3개의 문장으로 구성되어 있습니다. F5 키를 누르면 세 문장을 순서대로 모두 실행해 주며, 한 문장이 정상적으로 끝날 때마다 "1 행 이(가) 삽입되었습니다."라는 메시지가 출력됩니다.

컬럼 순서와 데이터형에 맞춰 값을 제대로 입력했다면 INSERT 문장은 정상적으로 실행됩니다. 여기서 두 가지만 짚고 넘어가죠. 첫째, emp03 테이블에는 etc 컬럼이 있는데 이번에는 이 컬럼에 데이터를 넣지 않았습니다. 2장에서 설명했던 것처럼 etc 컬럼은 NULL 허용 컬럼이므로 데이터를 넣지 않아도 됩니다. 둘째, 마지막 INSERT 문장에서 '신사임당'의 성별을 '남성'으로 넣었는데, 아무런 경고 없이 데이터가 잘 들어갔습니다. '신사임당은 여자인데 남성으로 넣어도 데이터가 입력되나?'라는 의문이 들 것입니다. 물론 가능합니다. 오라클은 신사임당이 남성인지 여성인지 알지 못합니다. 오라클은 DBMS 측면에서 규칙에 위배되지만 않으면 아무 불평 없이 우리가 명령한 INSERT 문을 실행합니다.

그럼 오라클이 체크하는 규칙이란 무엇일까요? 여기에서는 두 가지 규칙이 적용됩니다. NOT NULL 컬럼에 데이터를 넣지 않은 경우와 기본 키가 설정된 컬럼에 중복된 데이터를 넣은 경우에는 오류를 반환하며 입력 작업을 취소합니다. emp03 테이블에서 NOT NULL이면서 유일 키가 있는 컬럼은 기본 키 컬럼인 emp_id입니다. 따라서 이 컬럼에 값을 넣지 않거나 중복된 값을 입력하면 오류가 발생합니다. 직접 확인해 보도록 하죠.

쿼리 4-4 EMP_ID 컬럼에 값을 넣지 않는 경우

```
INSERT INTO emp03 ( emp_name, gender, age, hire_date )
VALUES ( '세종대왕', '남성', 44, '2018-01-01' );
```

쿼리 4-4를 실행하면 다음과 같은 오류가 발생합니다.

\ 실행 결과 /

```
INSERT INTO emp03 ( emp_name, gender, age, hire_date )
VALUES ( '세종대왕', '남성', 44, '2018-01-01' )
오류 보고 -
ORA-01400: cannot insert NULL into ("ORAUSER"."EMP03"."EMP_ID")
```

오류 메시지에서 ORA-01400은 오라클의 오류 코드이고, 뒷 내용은 emp03 테이블의 emp_id 컬럼에 NULL 값을 넣을 수 없다는 메시지입니다. 앞으로 ORA로 시작하는 수많은 오류 코드를 보게 될 텐데, 오라클 내부에서 사전에 정의해 놓은 오류 코드는 ORA로 시작하기 때문이죠.

이번에는 중복 값을 넣어 봅시다.

쿼리 4-5 EMP_ID 컬럼에 중복 값을 넣는 경우

```
INSERT INTO emp03 ( emp_id, emp_name, gender, age, hire_date )
VALUES ( 4, '세종대왕', '남성', 45, '2018-01-01' );
```

쿼리 4-5를 실행하면 다음과 같은 오류가 발생합니다.

\ 실행 결과 /

```
INSERT INTO emp03 ( emp_id, emp_name, gender, age, hire_date )
VALUES ( 4, '세종대왕', '남성', 45, '2018-01-01' )
오류 보고 -
ORA-00001: unique constraint (ORAUSER.SYS_C007003) violated
```

쿼리 4-3에서 이미 emp_id 값이 4인 데이터를 넣었는데, 다시 같은 값으로 데이터를 입력하니 오류가 발생했습니다. 기본 키를 생성하면 자동으로 유일 인덱스가 만들어져 중복 값 입력을 불허하는데 이를 위반한 것입니다. 이렇듯 NOT NULL과 중복 값 입력만 조심하면 테이블에 데이터를 넣는 작업은 어렵지 않게 처리할 수 있습니다.

이제 두 번째 INSERT 구문을 알아보도록 하죠.

INSERT 구문 2

```
INSERT INTO 테이블 명
VALUES ( 값1, 값2, … );
```

두 번째 구문에는 컬럼을 명시한 부분이 빠져 있습니다. 컬럼을 명시하지 않았다는 것은 모든 컬럼에 데이터를 넣는다는 것을 의미하며, 이때도 VALUES 다음에는 데이터를 넣을 컬럼 순서와 데이터형을 맞춰 넣어야 합니다. 컬럼 순서는 테이블을 생성할 때 만들었던 순서와 같습니다. 순서를 모르겠다면 이전 쿼리처럼 컬럼을 명시해야 합니다. 일반적으로 INSERT 문장 작성 시, 컬럼 전체든 일부든 일일이 컬럼 명을 명시하는 것이 좋습니다. 좀 귀찮더라도 컬럼 명을 명시하는 것이 가독성 측면에서 좋기도 하고 컬럼 순서와 값을 잘못 매핑(mapping)하는 실수를 방지할 수 있기 때문입니다.

지금까지 알아본 INSERT 문장은 한 문장당 한 개의 로우를 입력하는 문장이었는데, 한 문장으로 여러 개의 로우를 입력할 수도 있습니다. INSERT 문장의 마지막 구문은 SELECT 문장과 결합된 형태입니다.

INSERT 구문 3

```
INSERT INTO 테이블 명 ( column1, column2, … )
SELECT 문장…
```

VALUES 절 대신에 SELECT 문장이 들어가는 형태입니다. SELECT 문은 조건에 따라 한 개 이상의 로우를 반환하기 때문에 이 문장을 사용하면 한 번에 여러 개의 로우를 입력할 수 있습니다. 여기에서도 입력할 테이블의 컬럼 순서와 데이터형에 맞춰 SELECT 문장에서 선택하는 컬럼의 순서와 데이터형을 맞춰야 합니다. 아직 SELECT 문장에 대해 배우지 않았으므로 이 구문에 대해서는 11장에서 자세히 알아보도록 하죠.

지금까지 INSERT 문장을 사용해 실제로 데이터를 입력해 보았습니다. 그런데 한 가지 빠진 것이 있습니다. INSERT, UPDATE, DELETE 등의 문장을 실행해 데이터에 변경을 가한 후에는 최종적으로 데이터베이스에 변경 사항을 적용하는 트랜잭션 처리를 해야 합니다. 올바른 데이터를 입력한 뒤에는 COMMIT 문장을 실행해야 입력한 데이터가 데이터베이스에 저장됩니다. 반대로 입력한 작업을 취소하고 싶다면 ROLLBACK 문장을 실행합니다.

만약 여러분이 COMMIT 문장을 실행하는 것을 잊은 채 접속을 해제한 후 다시 오라클에 접속하면 이전에 입력한 데이터는 남아 있지 않습니다. 따라서 데이터 입력이 완료되고 확인이 끝나면 반드시 COMMIT 문장을 실행하세요.

쿼리 4-6 COMMIT을 실행해 입력한 데이터 반영

```
COMMIT;
```

\ 실행 결과 /

```
커밋 완료.
```

4.2 데이터 삭제, DELETE 문

SQL

데이터를 입력하는 INSERT 문을 살펴봤으니, 이제 그 반대인 DELETE 문에 대해서도 알아보도록 하죠. DELETE 문장의 구문은 다음과 같습니다.

DELETE 구무

```
DELETE [FROM] 테이블 명
WHERE 조건
```

DELETE 문은 간단합니다. DELETE 다음에 데이터를 삭제할 대상 테이블 명을 명시하고, 해당 테이블에서 어떤 데이터를 지울 것인지 WHERE 절에 명시하면 됩니다. WHERE 절을 생략하면 테이블에 있는 모든 데이터를 삭제합니다. 테이블 명 앞에 FROM 구문은 생략 가능합니다.

WHERE 절은 주로 SELECT 문에서 많이 사용되지만, DELETE와 UPDATE 문장에서도 빼놓을 수 없는 구문입니다. WHERE 절에 명시하는 조건은 값이 참(TRUE), 즉 조건을 만족했을 때 실행됩니다. 가령 emp_id 값이 4인 '신사임당' 데이터를 삭제하려면 다음과 같이 DELETE 문을 작성합니다.

쿼리 4-7 EMP_ID 값이 4인 데이터 삭제

```
DELETE FROM emp03
WHERE emp_id = 4;
```

쿼리 4-7을 실행하면 "1 행 이(가) 삭제되었습니다."라는 메시지가 나오면서 데이터 1건이 삭제됩니다. 쿼리 4-8에 나온 것처럼 SELECT 문을 실행해 emp03 테이블을 조회해 봅시다.

쿼리 4-8 emp03 테이블 조회

```
SELECT *
FROM emp03;
```

▼ 그림 4-2 쿼리 4-8을 실행한 결과

EMP_ID	EMP_NAME	GENDER	AGE	HIRE_DATE	ETC
1	홍길동	남성	33	2018-01-01	(null)
2	김유신	남성	44	2018-01-01	(null)
3	강감찬	남성	55	2018-01-01	(null)

입력했던 4건 중 emp_id 값이 4인 한 건이 삭제된 것을 확인할 수 있습니다. 이 삭제 작업이 정상이라면 COMMIT 문을 실행하여 완료하고, 잘못 지웠다면 ROLLBACK 문을 실행하여 지우기 전 상태로 되돌아갈 수 있습니다. DELETE 문장

이 제대로 동작한 것을 확인했으니 여기서는 ROLLBACK 문을 실행해 이전 상태로 되돌리도록 하죠.

쿼리 4-9 ROLLBACK 문을 실행해 DELETE 전 상태로 복귀

```
ROLLBACK;
```

이전 상태로 돌아갔는지 확인해 봅시다.

쿼리 4-10 emp03 테이블 조회

```
SELECT *
FROM emp03;
```

▼ 그림 4-3 쿼리 4-10을 실행한 결과

EMP_ID	EMP_NAME	GENDER	AGE	HIRE_DATE	ETC
1	홍길동	남성	33	2018-01-01	(null)
2	김유신	남성	44	2018-01-01	(null)
3	강감찬	남성	55	2018-01-01	(null)
4	신사임당	남성	45	2018-01-01	(null)

4.2절에서는 데이터 입력과 삭제를 처리하는 INSERT와 DELETE 문을 간단히 배워봤습니다. 좀 더 다양한 형태의 INSERT와 DELETE 문에 대해서는 11장에서 자세히 다룰 예정입니다. 다음 장에서는 DML의 꽃인 SELECT 문에 대해 알아보겠습니다.

4.3 테이블 생성과 데이터 입력 실습

다음 장부터 SELECT 문을 학습하기 위해서는 테이블과 데이터가 필요합니다. 앞으로 사용할 테이블을 생성하고 데이터도 만들어 보죠. 3장과 4장에서 배운 내용을 복습하고 정리하는 시간으로 생각하면 될 것 같군요.

먼저 테이블을 만들어야 하는데, 여기서는 서울교통공사 홈페이지에서 받은 2017년 4월 지하철역, 시간별 탑승인원 자료를 사용해 보겠습니다(이 자료는 이 책의 소스로 제공됩니다). 이 자료를 기준으로 subway_statistics라는 테이블을 만들어 보겠습니다. 컬럼 상세 내역은 표 4-2에 정리했습니다.

▼ 표 4-2 subway_statistics 테이블 내역

컬럼 명	컬럼 설명	데이터형	NULL	기본 키
seq_id	일련번호	NUMBER	NOT NULL	Y
station_name	지하철역명	VARCHAR2(100)	NULL	
boarding_date	탑승일자	DATE	NULL	
gubun	승차, 하차 구분	VARCHAR2(10)	NULL	
boarding_time	탑승시간	NUMBER	NULL	
passenger_number	승객 수	NUMBER	NULL	

표 4-2 내용 중 주요 컬럼을 간략히 살펴봅시다. 기본 키인 seq_id는 1부터 시작하는 일련번호 컬럼입니다. 모든 테이블에는 기본 키를 만들어야 하므로 일련번호 컬럼을 만든 것입니다. boarding_date 컬럼은 탑승일자로 DATE형으로 만들었고 gubun 컬럼은 '승차'와 '하차'를 구분하는 컬럼입니다. boarding_time은 탑승시간을 나타내는데, 가령 9시에서 10시 사이에 탑승했다면 9로 넣으려고 NUMBER형으로 만들었습니다.

이 테이블의 성격상 모든 컬럼에 데이터가 들어가는 게 맞지만, 기본 키 외에 다른 컬럼은 NULL 허용 컬럼으로 만들었습니다. 확률은 희박하지만, 데이터가 입력되지 않을 가능성을 염두에 둔 것이죠. 어떤 컬럼을 NULL 허용 컬럼으로 만들어야 하는지 잘 모르겠다면 기본 키 컬럼을 제외하고 모두 NULL 허용 컬럼으로 만드는 것이 좋습니다. 괜히 NOT NULL 컬럼으로 만들었다가 값을 입력하지 않으면 데이터 입력 시 오류가 발생해 난처해질 수 있기 때문입니다. 실제로도 이런 경우가 종종 있습니다.

자, 이제 테이블 생성 문장을 만들어 보세요. 표 4-2 내용을 참조하면 어렵지 않을 거예요. 만든 다음에는 쿼리 4-11과 비교해 보세요.

쿼리 4-11 subway_statistics 테이블 생성

```
CREATE TABLE subway_statistics (
     seq_id              NUMBER          NOT NULL,
     station_name        VARCHAR2(100)       NULL,
     boarding_date       DATE                NULL,
     gubun               VARCHAR2(10)        NULL,
     boarding_time       NUMBER              NULL,
     passenger_number    NUMBER              NULL,
     PRIMARY KEY ( seq_id )
);
```

이제 데이터를 넣어 봅시다. 원천 데이터의 양이 너무 많아 여기에서는 2017년 4월 1일에서 3일까지 7시에서 9시까지의 데이터만 입력하려고 합니다. 이렇게 줄여도 2000건이 넘습니다. 데이터를 입력할 INSERT 문이 쿼리 4-12에 나와 있습니다.

쿼리 4-12 subway_statistics 테이블 데이터 입력 INSERT 문

```
INSERT INTO subway_statistics VALUES ( 1,'서울역(150)','2017-04-01',
'승차',7,654 );
INSERT INTO subway_statistics VALUES ( 2,'서울역(150)','2017-04-01',
'하차',7,1923 );
```

```
INSERT INTO subway_statistics VALUES ( 3,'서울역(150)','2017-04-02',
'승차',7,413 );
INSERT INTO subway_statistics VALUES ( 4,'서울역(150)','2017-04-02',
'하차',7,1119 );
INSERT INTO subway_statistics VALUES ( 5,'서울역(150)','2017-04-03',
'승차',7,2137 );
...
```

나머지 INSERT 문은 이 장의 스크립트 파일인 chapter04.sql 파일에 있습니다. 메모장이나 여러분이 사용하는 다른 파일 편집기로 이 파일을 열고 쿼리 4-12를 보면 2142건의 데이터를 입력하는 INSERT 문이 있습니다. 이 부분을 복사한 다음 SQL Developer의 워크시트에 붙여 넣고 커서를 맨 상단 첫 줄에 놓은 다음 실행하세요(F5 키를 누르세요). 쿼리 4-12 맨 마지막에 COMMIT 문도 포함되어 있습니다. COMMIT 문도 함께 실행하는 것을 잊지 마세요.

\ 실행 결과 /

```
...
1 행 이(가) 삽입되었습니다.

1 행 이(가) 삽입되었습니다.

1 행 이(가) 삽입되었습니다.

커밋 완료.
```

5장

데이터 조회, SELECT 문

SQL의 기본은 DML이고 DML의 기본은 SELECT 문입니다. 테이블을 대상으로 하는 데이터 처리 작업 중 가장 자주 사용하는 것이 바로 테이블에 있는 데이터를 조회하는 SELECT 문입니다. 이전 장에서 INSERT와 DELETE 문에 대해 설명할 때도 SELECT 문이 곧잘 등장하곤 했었죠. SQL을 학습하면서 알아가겠지만, SELECT 문은 INSERT, UPDATE, DELETE 문과 결합되어 사용되기도 합니다. 그럼 SELECT 문으로 한 걸음 들어가 보도록 하죠.

5.1 SELECT 문의 기본 구문

SELECT 문의 기본 구문은 다음과 같습니다.

SELECT 구문

```
SELECT column1, column2, …
FROM 테이블 명
WHERE 조건
ORDER BY 정렬 순서;
```

SELECT 문은 SELECT, FROM, WHERE, ORDER BY 절 이렇게 네 부분으로 나눌 수 있습니다. 여러분이 SELECT 문의 창시자라고 생각해 보죠. 테이블에 있는 데이터를 조회하기 위해서는 먼저 데이터를 가져올 테이블이 필요하고, 그 테이블의 어떤 컬럼을 가져올 것인지 결정해야 합니다. 그리고 모든 데이터를 가져올 것인지 아니면 어떤 조건에 맞는 데이터만 가져올 것인지도 결정해야 하죠. 마지막으로 가져온 데이터를 입맛에 맞게 정렬할 수도 있습니다. 이 네 가지 요건을 충족하기 위해 필요한 구문이 SELECT 문장을 이루고 있습니다. 하나씩 살펴보죠.

5.1.1 SELECT 절

SELECT 절에는 테이블에서 선택할 컬럼이나 표현식을 명시합니다. 컬럼 명 대신 '*'를 명시하면 테이블에 있는 전체 컬럼을 선택하며, 테이블 생성 시 명시한 컬럼 순서대로 데이터를 가져옵니다. 각각의 컬럼과 표현식은 콤마로 구분합니다.

여기서 컬럼은 알겠는데 표현식은 무엇을 말하는 걸까요? 표현식이란 하나 이상의 값, 연산자, SQL 함수가 결합된 식을 말합니다. 가령 '1+1'이나 '2*2' 같은 것이 표현식이 될 수 있습니다. 여기서 1과 2는 값, +와 *는 연산자입니다. 값뿐만 아니라 컬럼 자체도 연산 대상이 될 수 있습니다. 예를 들어 column1과 column2라는 컬럼에 1과 2라는 값이 들어 있다면 'column1+column2'라는 표현식을 사용할 수 있고, 이를 SELECT 절에 넣으면 3이라는 값이 조회됩니다. SQL 함수에 대해서는 6장에서 자세히 설명하겠습니다.

5.1.2 FROM 절

FROM 절에는 조회하고자 하는 테이블을 명시합니다. 이전 장에서 선보였던 'SELECT * FROM emp03'이란 문장은 emp03에 있는 모든 컬럼의 데이터를 조회하는 문장이었죠. 보통은 테이블 한 개만 조회하는 경우가 많지만, 때로는 여러 개의 테이블을 결합해 SELECT 문을 만들기도 합니다. 이때는 가져올 여러 테이블을 콤마로 구분해 FROM 절에 명시합니다.

5.1.3 WHERE 절

WHERE 절에는 테이블의 데이터 중 특정 조건에 맞는 데이터를 가져오고자 할 때 그 조건을 기술합니다. WHERE 절은 생략이 가능한데 생략하면 해당 테이블의 모든 데이터를 가져옵니다. 4장에서 학습했던 DELETE 문에도 WHERE 절이 들어갔었는데, SELECT 문에서 사용하는 WHERE 절도 기능은 동일합니다. WHERE 절의 조건에 대해서는 설명할 내용이 많으므로 5.2절에서 좀 더 자세히 다루도록 하죠.

5.1.4 ORDER BY 절

ORDER BY 절은 조회한 데이터를 정렬해서 보여주는 역할을 하며, 생략 가능합니다. 생략하면 무작위로 데이터가 조회됩니다. ORDER BY 절은 SELECT 절에 명시한 컬럼을 그대로 사용할 수 있으며, 정렬하고자 하는 컬럼을 순서대로 콤마로 구분해 명시합니다.

정렬은 크게 두 가지 방식으로 구현할 수 있죠. 하나는 오름차순, 다른 하나는 내림차순입니다. 보통 오름차순에 익숙하기 때문에 기본적으로 오름차순으로 정렬됩니다만 내림차순으로 정렬할 수도 있습니다. 오름차순 정렬 시에는 정렬하고자 하는 컬럼 끝에 ASC, 내림차순 정렬 시에는 DESC를 명시하는데 ASC는 생략이 가능합니다. ORDER BY 절의 여러 형태와 사용법도 잠시 후에 살펴보기로 하죠.

그럼 4장 말미에 생성했던 subway_statistics 테이블의 데이터를 조회해 봅시다. 우선 테이블의 모든 데이터를 조회해 봅니다. 가장 단순한 형태입니다.

쿼리 5-1 subway_statistics 테이블 조회

```
SELECT *
  FROM subway_statistics;
```

✔ 그림 5-1 쿼리 5-1을 실행한 결과(조회 결과 일부만 발췌)

SEQ_ID	STATION_NAME	BOARDING_DATE	GUBUN	BOARDING_TIME	PASSENGER_NUMBER
156	잠실(216)	2017-04-03	하차	7	4321
157	잠실새내(217)	2017-04-01	승차	7	767
158	잠실새내(217)	2017-04-01	하차	7	553
159	잠실새내(217)	2017-04-02	승차	7	398
160	잠실새내(217)	2017-04-02	하차	7	212
161	잠실새내(217)	2017-04-03	승차	7	3617
162	잠실새내(217)	2017-04-03	하차	7	955
163	종합운동장(218)	2017-04-01	승차	7	280
164	종합운동장(218)	2017-04-01	하차	7	1055
165	종합운동장(218)	2017-04-02	승차	7	146
166	종합운동장(218)	2017-04-02	하차	7	524
167	종합운동장(218)	2017-04-03	승차	7	1194
168	종합운동장(218)	2017-04-03	하차	7	1307
169	삼성(219)	2017-04-01	승차	7	374

쿼리 5-1을 실행한 결과 일부가 그림 5-1에 나와 있습니다. 특정 컬럼만 보고 싶다면 SELECT 절에 해당 컬럼을 명시하면 됩니다.

쿼리 5-2 특정 컬럼만 조회

```
SELECT seq_id
      ,station_name
      ,boarding_time
      ,passenger_number
  FROM subway_statistics;
```

✔ 그림 5-2 쿼리 5-2를 실행한 결과(조회 결과 일부만 발췌)

SEQ_ID	STATION_NAME	BOARDING_TIME	PASSENGER_NUMBER
315	충정로(243)	7	135
316	충정로(243)	7	100
317	충정로(243)	7	922
318	충정로(243)	7	1329
319	용답(244)	7	164
320	용답(244)	7	43
321	용답(244)	7	66
322	용답(244)	7	21
323	용답(244)	7	465
324	용답(244)	7	70
325	신답(245)	7	71
326	신답(245)	7	23

가장 기본적인 형태의 SELECT 문을 작성해 실행해 봤습니다. 여기서 한 가지 짚고 넘어가면 쿼리 5-2를 비롯하여 제시된 SQL 문들 모두 줄이 잘 맞춰져 있지요? 사실 줄을 맞추지 않아도 잘 실행됩니다. 줄을 맞추는 것은 가독성을 위한 것입니다. 줄이 잘 맞춰져 있으면 SQL 문장을 한눈에 파악할 수 있어 훨씬 도움이 됩니다.

그럼, 다음으로 넘어갈까요? 이렇게 단순히 테이블에 있는 데이터를 조회하는 것은 큰 의미가 없습니다. 이제 원하는 조건에 맞는 특정 데이터만 조회하는 방법을 살펴봅시다.

5.2 조건에 맞는 데이터 조회하기

SQL

테이블에 있는 데이터 중 원하는 데이터만 조회하기 위해서는 WHERE 절을 사용해야 합니다. 예를 들어 subway_statistics 테이블에서 잠실역에 해당하는 데이터만 조회해 봅시다. 이를 위해서는 station_name 컬럼 값이 '잠실(216)'인 건을 골라내야 하는데, 쿼리 5-3처럼 작성하면 됩니다.

쿼리 5-3 지하철역명이 '잠실(216)'인 건 조회

```
SELECT *
  FROM subway_statistics
 WHERE station_name = '잠실(216)';
```

station_name 컬럼이 VARCHAR2형이므로 따옴표로 감싼 '잠실(216)' 값을 동등 연산자인 '='을 통해 연산을 수행했습니다. WHERE 절에서 사용한 station_name = '잠실(216)'을 조건식이라고 하며 조건식을 만족하는 데이터만 조회됩니다. 이처럼 컬럼과 연산자, 값이 한 쌍을 이루어 조건식을 이루고, 이 결과가 참(TRUE)

인 데이터가 조회됩니다. 그럼 조건식을 구성하는 연산자에는 어떤 것이 있는지 알아봅시다.

▼ 그림 5-3 쿼리 5-3을 실행한 결과

SEQ_ID	STATION_NAME	BOARDING_DATE	GUBUN	BOARDING_TIME	PASSENGER_NUMBER
151	잠실(216)	2017-04-01	승차	7	1761
152	잠실(216)	2017-04-01	하차	7	2104
153	잠실(216)	2017-04-02	승차	7	933
154	잠실(216)	2017-04-02	하차	7	1277
155	잠실(216)	2017-04-03	승차	7	7196
156	잠실(216)	2017-04-03	하차	7	4321
1579	잠실(216)	2017-04-01	승차	9	3486
1580	잠실(216)	2017-04-01	하차	9	4661
1581	잠실(216)	2017-04-02	승차	9	2354
1582	잠실(216)	2017-04-02	하차	9	4098
1583	잠실(216)	2017-04-03	승차	9	6171
1584	잠실(216)	2017-04-03	하차	9	6134
865	잠실(216)	2017-04-01	승차	8	3054
866	잠실(216)	2017-04-01	하차	8	2887
867	잠실(216)	2017-04-02	승차	8	1751
868	잠실(216)	2017-04-02	하차	8	2432
869	잠실(216)	2017-04-03	승차	8	9950
870	잠실(216)	2017-04-03	하차	8	7103

5.2.1 조건 연산자

WHERE 절의 조건식에 사용하는 연산자를 조건 연산자라고 하며, 오라클에서 사용할 수 있는 조건 연산자를 표 5-1에 정리해 봤습니다.

▼ 표 5-1 조건 연산자

조건 연산자	기능
=	두 값이 같을 때 참
!=, <>	두 값이 다를 때 참
>	왼쪽 값이 오른쪽 값보다 클 때 참
<	왼쪽 값이 오른쪽 값보다 작을 때 참
>=	왼쪽 값이 오른쪽 값보다 크거나 같을 때 참
<=	왼쪽 값이 오른쪽 값보다 작거나 같을 때 참

수학 시간에 배웠던 연산자와 크게 다르지 않습니다. 다만 두 값이 다른 경우가 참인 연산자는 !=, <> 두 개가 있습니다. 어느 것을 사용하든 상관없습니다. 또한, 이 연산자들은 문자형과 숫자형 데이터 모두에 사용할 수 있습니다. 단, 문자는 문자끼리, 숫자는 숫자끼리 연산을 해야 합니다. 여러 경우에 대해 연산자를 어떻게 사용하는지 볼까요?

```
지하철역이 잠실(216)이 아닌 경우
WHERE station_name <> '잠실(216)'
  혹은
WHERE station_name != '잠실(216)';
```

```
승차 인원만 검색
WHERE gubun = '승차'
```

```
8시 이후 승하차한 건 전체 찾기
WHERE boarding_time >= 8
```

```
승하차 인원이 500명 초과인 건 찾기
WHERE passenger_number > 500
```

여러 개의 조건을 동시에 사용할 수도 있습니다. 가령 잠실역에서 7시에 승차한 건을 조회한다든지, 선릉역에서 9시에 승차한 인원을 조회할 수 있죠. 이런 경우에는 2개의 조건이 필요하고 두 조건을 모두 만족해야 하는데, 2개 이상의 조건을 연결할 때는 AND를 사용합니다.

잠실역에서 7시에 승차한 건을 조회

```
WHERE station_name = '잠실(216)'
  AND gubun = '승차'
  AND boarding_time = 7
```

선릉역에서 9시에 승차한 인원을 조회

```
WHERE station_name = '선릉(220)'
  AND gubun = '승차'
  AND boarding_time = 9
```

'A이고 B인 건 조회'처럼 조건 모두를 만족해야 하는 경우에는 AND를 사용하지만, 'A이거나 B인 건'처럼 둘 중 하나라도 만족하는 데이터를 조회할 때도 있습니다. 이때는 AND 대신 OR를 사용합니다.

선릉역이나 잠실역에서 승하차한 건을 조회

```
WHERE station_name = '선릉(220)'
   OR station_name = '잠실(216)'
```

좀 더 응용해 볼까요? 잠실역에서 7시나 9시에 승하차한 건을 조회하는 조건식은 어떻게 작성하면 될까요? 이번에는 직접 조건식을 만들어 보세요. 아마도 쿼리 5-4처럼 만들었을 것 같군요.

쿼리 5-4 잠실역에서 7시나 9시에 승하차한 건을 조회

```
SELECT *
  FROM subway_statistics
 WHERE station_name = '잠실(216)'
   AND boarding_time = 7
    OR boarding_time = 9;
```

▼ 그림 5-4 쿼리 5-4를 실행한 결과(조회 결과 일부만 발췌)

SEQ_ID	STATION_NAME	BOARDING_DATE	GUBUN	BOARDING_TIME	PASSENGER_NUMBER
151	잠실(216)	2017-04-01	승차	7	1761
152	잠실(216)	2017-04-01	하차	7	2104
153	잠실(216)	2017-04-02	승차	7	933
154	잠실(216)	2017-04-02	하차	7	1277
155	잠실(216)	2017-04-03	승차	7	7196
156	잠실(216)	2017-04-03	하차	7	4321
1429	서울역(150)	2017-04-01	승차	9	2104
1430	서울역(150)	2017-04-01	하차	9	3377
1431	서울역(150)	2017-04-02	승차	9	1533
1432	서울역(150)	2017-04-02	하차	9	1958
1433	서울역(150)	2017-04-03	승차	9	2121
1434	서울역(150)	2017-04-03	하차	9	5197
1435	시청(151)	2017-04-01	승차	9	367
1436	시청(151)	2017-04-01	하차	9	1387
1437	시청(151)	2017-04-02	승차	9	338
1438	시청(151)	2017-04-02	하차	9	909
1439	시청(151)	2017-04-03	승차	9	473
1440	시청(151)	2017-04-03	하차	9	3011
1441	종각(152)	2017-04-01	승차	9	470
1442	종각(152)	2017-04-01	하차	9	2422
1443	종각(152)	2017-04-02	승차	9	342
1444	종각(152)	2017-04-02	하차	9	1409

쿼리 5-4를 실행해 보면 720건의 데이터가 조회되는데, 이는 의도한 결과가 아닙니다. 원래는 잠실역에서 7시나 9시에 승하차한 건을 조회하는 것인데, 위 쿼리는 잠실역에서 7시에 승하차한 건과 역에 상관없이 9시에 승하차한 건이 모두 조회됩니다. 이렇게 된 원인은 OR 조건 때문인데요. 원래 의도대로 나오게 하려면 쿼리 5-5처럼 OR 조건을 괄호로 묶어야 합니다.

쿼리 5-5 잠실역에서 7시나 9시에 승하차한 건을 조회하는 올바른 쿼리

```
SELECT *
  FROM subway_statistics
WHERE station_name = '잠실(216)'
  AND ( boarding_time = 7
        OR boarding_time = 9 );
```

▼ 그림 5-5 쿼리 5-5를 실행한 결과

SEQ_ID	STATION_NAME	BOARDING_DATE	GUBUN	BOARDING_TIME	PASSENGER_NUMBER
151	잠실(216)	2017-04-01	승차	7	1761
152	잠실(216)	2017-04-01	하차	7	2104
153	잠실(216)	2017-04-02	승차	7	933
154	잠실(216)	2017-04-02	하차	7	1277
155	잠실(216)	2017-04-03	승차	7	7196
156	잠실(216)	2017-04-03	하차	7	4321
1579	잠실(216)	2017-04-01	승차	9	3486
1580	잠실(216)	2017-04-01	하차	9	4661
1581	잠실(216)	2017-04-02	승차	9	2354
1582	잠실(216)	2017-04-02	하차	9	4098
1583	잠실(216)	2017-04-03	승차	9	6171
1584	잠실(216)	2017-04-03	하차	9	6134

좀 혼동될 수도 있지만 수학 시간에 배웠던 괄호와 연산자 우선순위를 생각하면 어렵지 않습니다. 여기서 한 가지 짚고 넘어가죠. subway_statistics 테이블의 역명은 잠실이 아닌 잠실(216)으로 되어 있습니다. 괄호 안의 숫자가 어떤 의미인지는 저도 잘 모르겠지만, 아마도 서울교통공사에서 내부적으로 쓰는 숫자 코드인 것 같습니다. 문제는 역명을 조회할 때 이 코드 값을 알아야 한다는 점입니다. 즉, 조건식을 station_name = '잠실(216)'으로 해야지 station_name = '잠실'로 하면 조회가 되지 않습니다. 하지만 모든 역명에 대한 코드 값을 알 수는 없죠. 어떻게 하면 좋을까요?

5.2.2 LIKE 연산자

이럴 때 사용하는 연산자가 따로 있습니다. 바로 '~와 같다'라는 의미가 있는 LIKE 연산자입니다. 이 연산자를 사용해 선릉역을 조회한다고 할 때, 사용법은 다음과 같습니다.

선릉역 조회

```
WHERE station_name LIKE '선릉%'
```

이 조건식의 의미는 station_name 컬럼 값이 '선릉'으로 시작되는 모든 건을 조회한다는 의미입니다. 여기서 '%'는 모든 것을 의미합니다. 만약 '선%'로 명시했다면 '선'으로 시작되는 역명을 가진 모든 데이터가 조회되고, '%선'이라고 했다면 '선'으로 끝나는 모든 데이터가 조회됩니다. 즉, '%'는 검색 값 어느 위치에나 붙일 수 있습니다. '잠실'로 시작되는 모든 데이터를 조회하는 쿼리는 다음과 같습니다.

쿼리 5-6 LIKE 연산자 사용

```
SELECT *
  FROM subway_statistics
 WHERE station_name LIKE '잠실%';
```

그림 5-6 쿼리 5-6을 실행한 결과(조회 결과 일부만 발췌)

SEQ_ID	STATION_NAME	BOARDING_DATE	GUBUN	BOARDING_TIME	PASSENGER_NUMBER
145	잠실나루(215)	2017-04-01	승차	7	440
146	잠실나루(215)	2017-04-01	하차	7	953
147	잠실나루(215)	2017-04-02	승차	7	237
148	잠실나루(215)	2017-04-02	하차	7	180
149	잠실나루(215)	2017-04-03	승차	7	2878
150	잠실나루(215)	2017-04-03	하차	7	1046
151	잠실(216)	2017-04-01	승차	7	1761
152	잠실(216)	2017-04-01	하차	7	2104
153	잠실(216)	2017-04-02	승차	7	933
154	잠실(216)	2017-04-02	하차	7	1277
155	잠실(216)	2017-04-03	승차	7	7196
156	잠실(216)	2017-04-03	하차	7	4321
157	잠실새내(217)	2017-04-01	승차	7	767
158	잠실새내(217)	2017-04-01	하차	7	553
159	잠실새내(217)	2017-04-02	승차	7	398
160	잠실새내(217)	2017-04-02	하차	7	212
161	잠실새내(217)	2017-04-03	승차	7	3617
162	잠실새내(217)	2017-04-03	하차	7	955
1573	잠실나루(215)	2017-04-01	승차	9	885
1574	잠실나루(215)	2017-04-01	하차	9	773
1575	잠실나루(215)	2017-04-02	승차	9	639
1576	잠실나루(215)	2017-04-02	하차	9	541

'잠실'로 시작되는 역명이 의외로 많군요. 정확히 잠실역만 찾으려면 왼쪽 괄호를 하나 더 추가해 station_name LIKE '잠실(%'로 작성하면 됩니다.

5.2.3 IN 연산자

잠실역에서 7시와 9시 승하차 건을 조회하려면 쿼리 5-5처럼 문장을 만들면 됩니다. 7시와 9시 모두 조회해야 하므로 OR를 사용하면 되죠. 그런데 OR 연산자 사용법은 어렵지는 않지만 좀 혼동된다는 단점이 있습니다. OR과 같은 기능을 하는 연산자가 있는데 바로 IN 연산자입니다. 이번에는 선릉역 데이터를 조회해 보죠. 쿼리 5-7을 보세요.

쿼리 5-7 선릉역에서 7시와 9시 승하차 건을 조회

```
SELECT *
  FROM subway_statistics
 WHERE station_name LIKE '선릉%'
   AND boarding_time IN (7, 9);
```

▼ 그림 5-7 쿼리 5-7을 실행한 결과

SEQ_ID	STATION_NAME	BOARDING_DATE	GUBUN	BOARDING_TIME	PASSENGER_NUMBER
175	선릉(220)	2017-04-01	승차	7	529
176	선릉(220)	2017-04-01	하차	7	997
177	선릉(220)	2017-04-02	승차	7	307
178	선릉(220)	2017-04-02	하차	7	403
179	선릉(220)	2017-04-03	승차	7	1194
180	선릉(220)	2017-04-03	하차	7	5943
1603	선릉(220)	2017-04-01	승차	9	955
1604	선릉(220)	2017-04-01	하차	9	2496
1605	선릉(220)	2017-04-02	승차	9	639
1606	선릉(220)	2017-04-02	하차	9	1056
1607	선릉(220)	2017-04-03	승차	9	1520
1608	선릉(220)	2017-04-03	하차	9	9914

IN 연산자를 쓸 때는 검색할 값을 콤마로 구분해 괄호로 둘러싸야 합니다. 값이 하나인 경우는 콤마가 필요 없겠죠. 즉, boarding_time IN (7)과 boarding_time = 7 조건식은 같은 결과를 반환합니다. 이렇듯 OR 대신 IN을 사용하면 훨씬 문장이 깔끔해집니다. 특히 비교할 값이 많은 경우 더욱 그렇죠.

LIKE나 IN 연산자는 동등 연산자만큼 많이 사용되므로 꼭 알아두시기 바랍니다. 그렇다고 시험 공부하듯이 외울 필요는 없습니다. 몇 번 문장을 작성하다 보면 자연스럽게 익힐 수 있습니다. 마지막으로 연산자 하나를 더 알아보고 이 절을 마치도록 하죠.

5.2.4 BETWEEN 연산자

컬럼 값이 비교할 값보다 크거나 작은 건을 조회할 때는 조건식에서 〉, 〉=, 〈, 〈= 연산자를 사용합니다. 예를 들어 선릉역에서 승하차 인원이 500명 이상 1,000명 이하인 건을 조회하려면 쿼리 5-8처럼 문장을 작성하면 됩니다.

쿼리 5-8 선릉역에서 승하차 인원이 500 ~ 1000명인 건을 조회

```
SELECT *
  FROM subway_statistics
 WHERE station_name LIKE '선릉%'
   AND passenger_number >= 500
   AND passenger_number <= 1000;
```

▼ 그림 5-8 쿼리 5-8을 실행한 결과

SEQ_ID	STATION_NAME	BOARDING_DATE	GUBUN	BOARDING_TIME	PASSENGER_NUMBER
175	선릉(220)	2017-04-01	승차	7	529
176	선릉(220)	2017-04-01	하차	7	997
1603	선릉(220)	2017-04-01	승차	9	955
1605	선릉(220)	2017-04-02	승차	9	639
889	선릉(220)	2017-04-01	승차	8	698
892	선릉(220)	2017-04-02	하차	8	859

이상과 이하를 조회하므로 〉=와 〈= 연산자를 사용했는데, 좀 더 간단히 사용할 수 있는 것이 '~ 사이에'라는 뜻이 있는 BETWEEN 연산자입니다. 이 연산자는 '컬럼 BETWEEN a AND b' 형태로 사용합니다. 여기서 a와 b는 각각 비교 값으로

a가 b보다 작아야겠죠. BETWEEN을 사용한 쿼리가 쿼리 5-9에 나와 있습니다.

쿼리 5-9 BETWEEN 연산자 사용

```
SELECT *
  FROM subway_statistics
 WHERE station_name LIKE '선릉%'
   AND passenger_number BETWEEN 500 AND 1000;
```

▼ 그림 5-9 쿼리 5-9를 실행한 결과

SEQ_ID	STATION_NAME	BOARDING_DATE	GUBUN	BOARDING_TIME	PASSENGER_NUMBER
175	선릉(220)	2017-04-01	승차	7	529
176	선릉(220)	2017-04-01	하차	7	997
1603	선릉(220)	2017-04-01	승차	9	955
1605	선릉(220)	2017-04-02	승차	9	639
889	선릉(220)	2017-04-01	승차	8	698
892	선릉(220)	2017-04-02	하차	8	859

~ 이상과 ~ 이하인 경우가 아닌 초과와 미만인 값을 조회할 때는 >와 < 연산자를 사용해야 합니다.

지금까지 이 절에서 배운 내용만으로도 웬만한 조건식은 모두 만들 수 있습니다. 아무리 복잡한 조건도 조건식이 많아 AND나 OR로 연결해 복잡해 보일 뿐이지 하나씩 떼어내서 보면 어렵지 않습니다.

5.3 데이터 정렬하기

WHERE 절에 조건식을 추가해 원하는 데이터만 쏙 골라내 조회할 수 있었지만, 한 가지 부족한 점이 있었죠. 바로 조회 결과를 정렬해서 보는 것입니다. 정렬되지 않은 데이터는 한눈에 들어오지 않아 데이터를 검증하거나 파악할 때 매우 불편합니다.

데이터 정렬은 ORDER BY 절을 사용하며 오름차순과 내림차순으로 정렬할 수 있다고 했습니다. 그럼 좀 더 다양한 형태의 ORDER BY 절의 사용 형식에 대해 알아보도록 하죠. 관련 내용을 표 5-2에 담아 봤습니다.

표 5-2 ORDER BY 절 형태와 정렬 방식

ORDER BY 절 형태	정렬 방식
ORDER BY col1, col2	col1 컬럼 오름차순 후, col2 컬럼 오름차순 정렬
ORDER BY col1 DESC, col2	col1 컬럼 내림차순 후, col2 컬럼 오름차순 정렬
ORDER BY col2 ASC, col1 DESC	col2 컬럼 오름차순 후, col1 컬럼 내림차순 정렬
ORDER BY 1, 2	SELECT 절에 명시한 첫 번째와 두 번째 컬럼을 순서대로 오름차순 정렬

표 5-2에서 보면 알 수 있듯이 ORDER BY 절은 WHERE 절에 비해 사용법이 간단합니다. ORDER BY 다음에 정렬할 컬럼이나 표현식, 혹은 SELECT 절에 나열한 컬럼의 순서를 명시하면 됩니다. 지하철역명으로 데이터를 정렬해 보죠.

쿼리 5-10 지하철역명으로 정렬

```
SELECT *
  FROM subway_statistics
 ORDER BY station_name;
```

✔ 그림 5-10 쿼리 5-10을 실행한 결과(조회 결과 일부만 발췌)

SEQ_ID	STATION_NAME	BOARDING_DATE	GUBUN	BOARDING_TIME	PASSENGER_NUMBER
1260	가락시장(340)	2017-04-03	하차	8	1239
541	가락시장(340)	2017-04-01	승차	7	309
1258	가락시장(340)	2017-04-02	하차	8	128
1257	가락시장(340)	2017-04-02	승차	8	301
1256	가락시장(340)	2017-04-01	하차	8	308
1255	가락시장(340)	2017-04-01	승차	8	500
1969	가락시장(340)	2017-04-01	승차	9	556
1970	가락시장(340)	2017-04-01	하차	9	317
1971	가락시장(340)	2017-04-02	승차	9	352
1972	가락시장(340)	2017-04-02	하차	9	165
1973	가락시장(340)	2017-04-03	승차	9	782
1974	가락시장(340)	2017-04-03	하차	9	642
546	가락시장(340)	2017-04-03	하차	7	627
545	가락시장(340)	2017-04-03	승차	7	1158
544	가락시장(340)	2017-04-02	하차	7	76
543	가락시장(340)	2017-04-02	승차	7	139
542	가락시장(340)	2017-04-01	하차	7	180
1259	가락시장(340)	2017-04-03	승차	8	1289
906	강남(222)	2017-04-03	하차	8	16917
905	강남(222)	2017-04-03	승차	8	3593
904	강남(222)	2017-04-02	하차	8	1736
903	강남(222)	2017-04-02	승차	8	877

한글은 가나다 순이니 가락시장이 맨 처음에 나왔군요. 다음으로 선릉역 데이터를 조회하는데 모든 컬럼을 순서대로 ORDER BY 절에 넣어 봅시다.

쿼리 5-11 모든 컬럼 정렬

```
SELECT *
  FROM subway_statistics
 WHERE station_name LIKE '선릉%'
 ORDER BY 1, 2, 3, 4, 5, 6;
```

▼ 그림 5-11 쿼리 5-11을 실행한 결과

SEQ_ID	STATION_NAME	BOARDING_DATE	GUBUN	BOARDING_TIME	PASSENGER_NUMBER
175	선릉(220)	2017-04-01	승차	7	529
176	선릉(220)	2017-04-01	하차	7	997
177	선릉(220)	2017-04-02	승차	7	307
178	선릉(220)	2017-04-02	하차	7	403
179	선릉(220)	2017-04-03	승차	7	1194
180	선릉(220)	2017-04-03	하차	7	5943
889	선릉(220)	2017-04-01	승차	8	698
890	선릉(220)	2017-04-01	하차	8	2010
891	선릉(220)	2017-04-02	승차	8	455
892	선릉(220)	2017-04-02	하차	8	859
893	선릉(220)	2017-04-03	승차	8	1680
894	선릉(220)	2017-04-03	하차	8	14398
1603	선릉(220)	2017-04-01	승차	9	955
1604	선릉(220)	2017-04-01	하차	9	2496
1605	선릉(220)	2017-04-02	승차	9	639
1606	선릉(220)	2017-04-02	하차	9	1056
1607	선릉(220)	2017-04-03	승차	9	1520
1608	선릉(220)	2017-04-03	하차	9	9914

subway_statistics 테이블에는 총 6개의 컬럼이 있어 ORDER BY 절에 1부터 6까지 기술했습니다. ORDER BY 절에 가장 먼저 명시한 컬럼이 정렬 우선순위가 높으므로 seq_id 값으로 오름차순 정렬되었습니다. 내림차순으로 정렬하려면 ASC 대신 DESC를 덧붙입니다.

사실 이 문장의 경우 ORDER BY 절에 1부터 6까지 모두 기술할 필요는 없습니다. 왜냐하면 seq_id 값이 유일하기 때문에 ORDER BY 1 혹은 ORDER BY seq_id만 명시해도 동일한 순서대로 결과가 나옵니다. 하지만 만약 첫 번째 컬럼이 키 값이 아니고 중복 값이 존재한다면 ORDER BY 절에서 두 번째로 지정한 컬럼 값에 따라 정렬이 됩니다.

지금까지 SELECT 문의 기본적인 내용에 대해 살펴봤습니다. 장이 넘어 갈수록 점점 더 알아야 할 내용도 많아지고 복잡해지긴 하지만 이 장에서 배운 내용을 잘 이해하고 소화한다면 앞으로 학습하는 데 큰 어려움은 없을 것입니다.

6장

SQL 연산자와 함수

5장에서 SELECT 문에 대해 설명하면서 WHERE 절의 조건식에 사용하는 비교 연산자를 소개했습니다. SQL 연산자에는 이런 비교 연산자 외에 다른 연산자도 존재합니다. 이 장에서는 SQL 연산자와 함수에 대해 알아보도록 하지요.

6.1 SQL 연산자

연산자란 피연산자를 대상으로 특정 연산을 수행 후 결과를 반환하는 역할을 합니다. 연산자는 우리에게 무척 익숙한 개념입니다. 수학 시간에 배운 +, -가 바로 연산자입니다. 수학에서 피연산자는 숫자나 숫자로 표현된 식이었지만, SQL에서 피연산자는 개별 데이터나 데이터로 이루어진 표현식입니다. 5장에서 비교 연산자에 대해 알아봤으니 이를 제외하고 나머지 기본 연산자에는 어떤 것이 있는지 알아보도록 하죠. 표 6-1에 나와 있습니다.

▼ 표 6-1 기본 연산자

연산자	설명
+	두 수나 두 날짜를 더함
-	두 수나 두 날짜를 뺌
*	두 수를 곱함
/	왼쪽 수를 오른쪽 수로 나눔
||	두 문자를 결합함

+, -, *, / 연산자는 수학 시간에 배운 연산자와 그 기능이 같습니다. 이 중에서 +와 -는 오라클에서 숫자뿐만 아니라 날짜를 대상으로도 사용됩니다. 가령 현재 일자가 2019년 4월 10일인데 여기에 + 1을 하면 다음 날인 2019년 4월 11일이 결과로 반환됩니다. - 1을 할 경우는 2019년 4월 9일이 반환되겠죠. 특이한 연산자는 '||'인데, 이 연산자는 두 문자열을 결합하여(붙여) 그 결과를 반환합니다. 쿼리 6-1을 살펴보죠.

쿼리 6-1 문자열 결합 연산자 사용

```
SELECT 'A' || 'B'
  FROM dual;
```

▼ 그림 6-1 쿼리 6-1을 실행한 결과

'A'||'B'
AB

쿼리 6-1을 보면 'A'와 'B'라는 문자를 결합했는데, 이를 실행하면 'AB'라는 결과가 나옵니다. 이 쿼리에서 `FROM` 다음에 `dual`이란 테이블을 사용한 점이 특이하죠? 이게 무엇일까요? `dual`은 오라클에서만 사용할 수 있는 일종의 임시 테이블입니다. 실제 테이블에서 데이터를 조회하는 것이 아니라 쿼리 6-1처럼 단순히 어떤 연산 결과를 보고자 할 때 사용하는 테이블입니다. 참고로 오라클이 아닌 다른 RDBMS(MSSQL, MySQL 등)에서는 이런 경우 `FROM` 절 자체를 사용하지 않고 `SELECT 1 + 2` 혹은 `SELECT 'A' || 'B'` 처럼 사용해도 같은 결과가 조회됩니다.

여기서 소개한 연산자 외에 다른 용도의 연산자도 있는데, 이에 대해서는 해당 기능을 다루는 장에서 설명하도록 하겠습니다.

6.2 주요 SQL 함수

함수란 무엇일까요? 또 수학 얘기를 해야겠네요. 사실 RDBMS 이론 자체가 수학에 근거해 만들어졌기 때문에 SQL도 수학과 비슷한 개념이 많습니다. 수학에서 함수란 매개변수로 값을 받아 특정 연산을 수행한 결과를 반환하는 것입니다. 가령 y = 2x + 1이란 함수에서 매개변수는 x입니다. x로 전달되는 값에 2를 곱한 후 1을 더한 결과가 y죠.

SQL 함수도 마찬가지입니다. 특정 기능을 수행하는 함수를 만들어 매개변수로 들어오는 값에 따라 연산을 수행하고 그 결과를 반환합니다. 이렇게 함수를 만드는 목적은 동일한 기능과 연산을 수행하도록 함수로 만들어 놓으면 언제든지 재사용할 수 있기 때문입니다. 이 절에서는 오라클에서 이미 만들어 제공하는 함수에 대해 알아볼 것입니다. 이미 만들어 놨다고 해서 이를 빌트인(built-in) 함수라고도 합니다.

예를 들어 어떤 수의 절댓값을 구한다고 해 봅시다. 절댓값을 구하는 로직은 세계 어디서나 동일합니다. 음수는 양수로, 양수는 양수로, 0은 0으로 반환하면 됩니다. 따라서 이 로직을 함수로 구현해 놓으면 필요할 때마다 매개변수 값만 바꿔 가져다 쓰면 됩니다.

오라클에서 제공하는 SQL 함수는 꽤 많은데, 보통 연산 대상과 그 결과 값의 데이터형에 따라 분류할 수 있습니다. 그 중에서 많이 사용하는 문자형, 숫자형, 날짜형, 형변환 함수에 대해 각각 살펴보도록 하죠.

6.2.1 숫자형 함수

먼저 숫자형 함수에 대해 살펴보겠습니다. 숫자형 함수는 매개변수, 즉 피연산자와 연산 결과가 모두 숫자인 함수를 말합니다. 숫자형 함수는 수학에서 사용하는 함수와 크게 다르지 않은데, 대표적인 숫자형 함수를 표 6-2에 정리해 봤습니다.

▼ 표 6-2 숫자형 함수

함수 명	기능	사용 예
ABS(n)	n의 절댓값을 반환	SELECT ABS(-1) FROM DUAL; → 1
CEIL(n)	n과 같거나 큰 최소 정수 반환	SELECT CEIL(10.6) FROM DUAL; → 11
EXP(n)	e(e = 2.71828183...)의 n승을 반환	SELECT EXP(10) FROM DUAL; → 22026.4657948067
FLOOR(n)	n과 같거나 작은 최대 정수 반환	SELECT FLOOR(10.6) FROM DUAL; → 10
LN(n)	n의 자연로그 값을 반환. n은 0보다 커야 함	SELECT LN(10) FROM DUAL; → 2.30258509299405
LOG(n2, n1)	n2는 밑, n1은 진수. n1은 양수, n2는 0과 1이 아닌 양수여야 함	SELECT LOG(10, 100) FROM DUAL; → 2
MOD(n2, n1)	n2를 n1로 나눈 나머지 반환	SELECT MOD(11, 4) FROM DUAL; → 3
POWER(n2, n1)	n2의 n1승을 반환	SELECT POWER(3, 2) FROM DUAL; → 9

계속

함수 명	기능	사용 예
ROUND(n, i)	n의 소수점 기준 (i+1)번째에서 반올림한 값을 반환. 정수로 만들 시 i는 0(소수점 첫째 자리 기준 반올림)	SELECT ROUND(10.545, 2) FROM DUAL; ➞ 10.55
SIGN(n)	n의 부호 반환. n이 양수이면 1, 음수이면 -1, 0이면 0을 반환	SELECT SIGN(-110) FROM DUAL; ➞ -1
SQRT(n)	n의 제곱근 값을 반환	SELECT SQRT(2) FROM DUAL; ➞ 1.4142135623731
TRUNC(n1, n2)	n1의 소수점 기준 n2 자리에서 절삭. n2 생략 시 0	SELECT TRUNC(10.545, 2) FROM DUAL; ➞ 10.54

추가로 설명하지 않아도 표 6-2에 나온 각 함수의 기능과 사용 예제를 보면 이해하는 데 어렵지 않을 것입니다. 여기에서 소개한 함수 외에도 SIN, COS, TAN 같은 삼각함수를 포함해 다른 숫자형 함수도 있지만 표 6-2에는 자주 사용하는 함수 중심으로 정리했습니다. 경험상 이 중에서도 특히 자주 사용하는 함수는 ROUND, TRUNC, ABS, SIGN 정도인데, 특히 반올림 처리를 하는 ROUND 함수를 많이 사용합니다.

ROUND 함수는 다른 함수에 비해 사용법이 조금 복잡합니다. ROUND(n, i)에서 n의 소수점 기준 (i+1)자리 수를 기준으로 반올림해 결과는 소수점 이하 i번째 자리까지 반환됩니다. 그런데 만약 i 값이 음수이면 소수점 이하가 아닌 소수점 기준 왼쪽 자리인 정수 부분의 i번째 자리 수를 반올림한 결과를 반환합니다. i 값이 양수인 경우는 그리 어렵지 않으니 음수인 경우에 대해 예를 들어 보죠.

쿼리 6-2 ROUND 함수

```
SELECT ROUND( 565.545, -1 ) first
      ,ROUND( 565.545, -2 ) second
      ,ROUND( 565.545, -3 ) third
  FROM DUAL;
```

▼ 그림 6-2 쿼리 6-2를 실행한 결과

FIRST	SECOND	THIRD
570	600	1000

어떻게 이런 결과가 나왔는지 차근차근 살펴보죠.

- ROUND(565.545, -1): 소수점 왼쪽 첫 번째 자리인 565의 5에서 반올림해 570을 반환
- ROUND(565.545, -2): 소수점 왼쪽 두 번째 자리인 565의 6에서 반올림해 600을 반환
- ROUND(565.545, -3): 소수점 왼쪽 세 번째 자리인 565의 5에서 반올림해 1000을 반환

왜 이런 결과가 나왔는지 곰곰이 생각해 보면 이해하는 데 어렵지 않을 거예요. 그럼 다음으로 문자형 함수에 대해 알아보도록 하죠.

6.2.2 문자형 함수

문자형 함수는 문자형 데이터를 피연산자로 해서 연산을 수행해 결과를 반환합니다. 대부분의 문자형 함수는 반환 결과 값도 문자형이지만, 일부는 숫자를 반환하기도 합니다. 대표적인 문자형 함수 중 문자형 데이터를 결과 값으로 반환하는 함수에 대해 살펴보죠. 표 6-3에 나와 있습니다.

▼ 표 6-3 문자형 데이터를 반환하는 문자형 함수

함수 명	기능	사용 예
CHR(n)	n은 숫자로 n 값에 해당되는 문자를 반환	SELECT CHR(65) ¦¦ CHR(66) ¦¦ CHR(67) FROM DUAL; → ABC
CONCAT (char1, char2)	char1과 char2 문자를 결합한 결과를 반환. ǁ 연산자와 같은 기능	SELECT CONCAT('A', 'B') FROM DUAL; → AB
INITCAP(char)	char의 첫 번째 문자를 대문자로 변환	SELECT INITCAP('the') FROM DUAL; → The
LOWER(char)	char을 소문자로 변환	SELECT LOWER('THE') FROM DUAL; → the
UPPER(char)	char을 대문자로 변환	SELECT UPPER('the') FROM DUAL; → THE
LPAD (expr1, n, expr2)	expr1을 반환하는데, expr2를 (n - expr1 길이) 만큼 왼쪽을 채워 반환	SELECT LPAD('THE', 5, '*') FROM DUAL; → **THE
RPAD (expr1, n, expr2)	expr1을 반환하는데, expr2를 (n - expr1 길이) 만큼 오른쪽을 채워 반환	SELECT RPAD('THE', 5, '*') FROM DUAL; → THE**
LTRIM (expr1, expr2)	expr1의 왼쪽에서 expr2를 제거한 결과를 반환	SELECT LTRIM('**THE**', '*') FROM DUAL; → THE**
RTRIM (expr1, expr2)	expr1의 오른쪽에서 expr2를 제거한 결과를 반환	SELECT RTRIM('**THE**', '*') FROM DUAL; → **THE

계속

함수 명	기능	사용 예
SUBSTR(char, n1, n2)	-char에서 n1 위치에서 시작해 n2 길이만큼을 잘라낸 결과를 반환 -n1을 0으로 명시하면 1이 적용 -n1이 음수이면 char 오른쪽 끝에서부터 거꾸로 세어 가져옴 -n2를 생략하면 n1부터 끝까지 반환 -n2 값을 1 미만으로 지정하면 NULL을 반환	SELECT SUBSTR('ABCDEFG', 3, 2) FROM DUAL; → CD SELECT SUBSTR('ABCDEFG', -3) FROM DUAL; → EFG
TRIM(char)	char의 양쪽 끝 공백을 제거한 결과를 반환	SELECT TRIM(' ABCD EFG ') FROM DUAL; → ABCD EFG

문자형 함수는 약간 생소할 수 있지만 표 6-3을 보면 그 쓰임새와 동작 방식을 이해하는 데 큰 어려움은 없을 것입니다. 표 6-3에 나온 함수 중 특히 많이 사용하는 함수는 CONCAT, SUBSTR, TRIM 정도입니다. 특히 SUBSTR은 SQL 함수를 통틀어 가장 많이 사용하는 함수라고 해도 과언이 아닙니다. 그만큼 어떤 문자열에서 문자 일부를 잘라낸 결과를 사용하는 경우가 많습니다. SUBSTR 함수의 용법에 대해 좀 더 자세히 살펴보도록 하죠.

쿼리 6-3 SUBSTR 함수

```
SELECT SUBSTR( 'ABCDEFG', 1, 3 )   first
      ,SUBSTR( 'ABCDEFG', 0, 3 )   second
      ,SUBSTR( 'ABCDEFG', 1 )      third
      ,SUBSTR( 'ABCDEFG', -2 )     fourth
      ,SUBSTR( 'ABCDEFG', -2, 1 )  fifth
      ,SUBSTR( 'ABCDEFG', 2, -1 )  sixth
  FROM DUAL;
```

▼ 그림 6-3 쿼리 6-3을 실행한 결과

FIRST	SECOND	THIRD	FOURTH	FIFTH	SIXTH
ABC	ABC	ABCDEFG	FG	F	(null)

하나씩 자세히 살펴봅시다.

- SUBSTR('ABCDEFG', 1, 3): 첫 번째 자리에서 세 글자를 잘라 반환하므로 'ABC'를 반환
- SUBSTR('ABCDEFG', 0, 3): 0은 1을 의미하므로 위와 같은 결과인 'ABC'를 반환
- SUBSTR('ABCDEFG', 1): n2를 생략해서 첫 번째 자리에서 전체를 반환하므로 'ABCDEFG'를 반환
- SUBSTR('ABCDEFG', -2): n1이 음수이므로 오른쪽 끝에서 두 번째 글자인 'F'에서 시작. 그런데 n2가 생략되어 'F' 이후 오른쪽 나머지 글자를 가져오므로 'FG'를 반환
- SUBSTR('ABCDEFG', -2, 1): n1이 -2이므로 오른쪽 끝 두 번째 자리인 'FG'를 반환하는데, n2가 1이므로 한 글자를 잘라 반환하므로 'F'를 반환
- SUBSTR('ABCDEFG', 2, -1): n2가 음수이므로 n1에 상관없이 NULL을 반환

주의할 점은 n1이 음수이고 n2가 양수인 경우, n1은 오른쪽 끝에서 역순으로 위치를 세어 시작 위치를 잡은 다음 n2 길이만큼의 글자를 잘라 가져온다는 점입니다. 조금 혼동될 수 있는데 잘 생각해 보면 이해가 갈 거예요.

그럼 이번에는 문자형이 아닌 숫자형 데이터를 반환하는 문자형 함수에 대해 알아봅시다. 표 6-4에 정리해 놨습니다.

✔ 표 6-4 숫자형 데이터를 반환하는 문자형 함수

함수 명	기능	사용 예
ASCII(char)	char 문자의 ASCII 코드 값을 반환. CHR 함수와 반대 기능을 함	SELECT ASCII('A') FROM DUAL; → 65
INSTR(char1, char2, n1, n2)	−char1에서 char2 문자를 찾아 그 시작 위치를 반환함 −n1은 char1에서 몇 번째 문자부터 찾을 것인지를 나타내는 위치이며 생략 시 1이 적용됨 −n2는 char1에서 char2 문자를 찾을 때 일치하는 문자의 몇 번째 위치를 반환할지를 나타냄. 생략 시 1이 적용됨	SELECT INSTR('ABABAB', 'A', 2) FROM DUAL; → 3
LENGTH(char)	char 문자의 글자 수를 반환함	SELECT LENGTH('the') FROM DUAL; → 3

이 중에서 LENGTH와 INSTR 함수를 많이 사용합니다. INSTR 함수 사용법이 복잡해 보이는데 예제를 통해 살펴보죠.

쿼리 6-4 INSTR 함수

```
SELECT INSTR( 'ABABAB', 'A' )       first
      ,INSTR( 'ABABAB', 'A', 2 )    second
      ,INSTR( 'ABABAB', 'A', 2, 1 ) third
      ,INSTR( 'ABABAB', 'A', 2, 2 ) fourth
  FROM DUAL ;
```

✔ 그림 6-4 쿼리 6-4를 실행한 결과

FIRST	SECOND	THIRD	FOURTH
1	3	3	5

어떻게 이런 결과가 나왔는지 알아봅시다.

- INSTR('ABABAB', 'A'): n1, n2가 생략됐으니 각각 1이 적용되어 첫 번째 문자열에서 'A'를 처음 만나는 위치인 1을 반환
- INSTR('ABABAB', 'A', 2): n1은 2이고 n2가 생략되어 1이 적용되므로 첫 번째 문자열의 두 번째 문자(n1이 2)인 'B'에서 시작해 'A'를 만나는 첫 번째 위치(n2가 1)인 3을 반환
- INSTR('ABABAB', 'A', 2, 1): n1이 2이므로 두 번째 문자(n1이 2)인 'B'에서 시작해 'A'를 만나는 첫 번째 위치(n2가 1)인 3을 반환
- INSTR('ABABAB', 'A', 2, 2): n1이 2이므로 두 번째 문자(n1이 2)인 'B'에서 시작해 'A'를 만나는 두 번째 위치(n2가 2)인 5를 반환

INSTR 함수 사용법이 조금 복잡한데 실제로는 n1, n2를 생략해 쓰는 경우가 많습니다. 생략한 경우 매개변수의 첫 번째 문자열에서 두 번째 매개변수 문자가 있는 첫 번째 위치 값을 반환합니다. 만약 원하는 문자열을 찾지 못하면 INSTR 함수는 0을 반환합니다.

6.2.3 날짜형 함수

날짜형 함수는 날짜, 즉 데이터형이 DATE나 TIMESTAMP인 데이터를 대상으로 연산을 수행하는 함수를 말합니다. 가령 특정 일을 기준으로 한 달 후의 일자를 구하거나 해당 월의 마지막 일자를 구하는 함수입니다. 대표적인 날짜형 함수는 다음과 같습니다.

▼ 표 6-5 날짜형 함수

함수 명	기능	사용 예
SYSDATE	현재 일자와 시간을 반환	SELECT SYSDATE FROM DUAL; → 2019-04-08 (날짜와 시간 정보를 모두 포함하고 있음. 시간까지 보려면 TO_CHAR(SYSDATE, 'YYYY-MM-DD HH24:MI:SS')로 변환 필요)
ADD_MONTHS (date, n)	date 날짜에 n개월을 더한 날짜를 반환. n이 음수이면 더하지 않고 뺀 날짜를 반환	SELECT ADD_MONTHS(SYSDATE, 1) FROM DUAL; → 2019-05-08
MONTHS_BETWEEN (date1, date2)	date1과 date2 두 날짜 사이의 개월 수를 반환. date1이 date2보다 이후 날짜면 양수, 반대면 음수 반환	SELECT MONTHS_BETWEEN(SYSDATE + 31, SYSDATE) FROM DUAL; → 1.096….
LAST_DAY(date)	date가 속한 월의 마지막 일자를 반환	SELECT LAST_DAY(SYSDATE) FROM DUAL; → 2019-04-30
NEXT_DAY (date, expr)	date 날짜를 기준으로 expr에 명시한 날짜 반환. expr은 요일을 나타내는데, '월요일' 형태로 쓸 수도 있고 1~7까지 숫자를 쓸 수도 있음(1은 일요일, 7은 토요일)	SELECT NEXT_DAY(SYSDATE, '월요일') FROM DUAL; → 2019-04-15
ROUND (date, format)	date를 format 기준으로 반올림한 날짜 반환. format은 YEAR, MONTH, DD, HH, HH24, MI 등 사용 가능	SELECT ROUND(SYSDATE, 'YEAR') FROM DUAL; → 2019-01-01
TRUNC (date, format)	date를 format 기준으로 잘라낸 날짜 반환. format은 ROUND 함수와 동일하게 사용 가능	SELECT TRUNC(SYSDATE, 'YEAR') FROM DUAL; → 2019-01-01

경우에 따라 다르겠지만 날짜형 함수는 여기서 소개한 모든 함수 중 NEXT_DAY, ROUND, TRUNC를 제외하고, 나머지는 모두 자주 사용됩니다. SQL 문장을 작성하다 보면 의외로 날짜 관련해서 연산을 수행하는 경우가 많아서 그렇습니다. 특이한 것은 ROUND와 TRUNC 함수입니다. 이 두 함수는 숫자형 함수에서 다뤘는데, 날짜형 데이터를 대상으로도 연산을 수행합니다. ROUND와 TRUNC 함수의 두 번째 매개변수인 format에 명시한 형식에 따라 날짜를 반올림하거나 잘라냅니다.

지금까지 SQL 함수 중 기본이 되는 숫자형, 문자형, 날짜형 함수에 대해 알아봤습니다. 여기서 소개한 함수 외에도 더 많은 함수를 오라클에서 제공합니다만, 자주 사용하는 함수 기준으로 설명했다는 점을 기억하세요. 이제 다른 유형의 함수에 대해 살펴보겠습니다.

6.2.4 형변환 함수

형변환 함수란 특정 데이터형을 다른 데이터형으로 변환할 때 사용하는 함수입니다. 문자를 숫자로 변경하거나 숫자를 문자로, 또는 문자를 날짜로 혹은 그 반대로 변환 시 사용하는 함수입니다. 오라클에서 제공하는 형변환 함수는 꽤 많지만, 여기에서는 자주 사용하는 함수 3개만 소개하도록 하죠.

▼ 표 6-6 형변환 함수

함수 명	기능	사용 예
TO_NUMBER (char)	char을 숫자로 변환	SELECT TO_NUMBER('12345') FROM DUAL; → 12345
TO_CHAR (n, number_format)	숫자인 n을 number_format에 맞게 문자로 변환, number_format은 생략 가능	SELECT TO_CHAR(12345, '99,999') FROM DUAL; → '12,345'

계속

함수 명	기능	사용 예
TO_CHAR (date, date_format)	날짜인 date를 date_format에 맞게 문자로 변환, date_format은 생략 가능	SELECT TO_CHAR(SYSDATE, 'YYYY-MM-DD HH24:MI:SS') FROM DUAL; ➞ '2019-04-08 23:52:01'
TO_DATE (char, date_format)	문자 char을 date_format에 맞게 날짜로 변환, date_format은 생략 가능	SELECT TO_DATE('2019-04-08 23:52:01', 'YYYY-MM-DD HH24:MI:SS') FROM DUAL; ➞ 2019-04-08 23:52:01

대표적인 데이터형이 문자, 숫자, 날짜이므로 이들 데이터형 간 변환하는 함수만 간단히 추려 봤습니다. 여기 소개한 함수들 이름만 봐도 쉽게 그 기능을 유추할 수 있습니다. 즉, TO_CHAR은 문자로, TO_NUMBER는 숫자로, TO_DATE는 날짜형으로 변환한 결과를 반환합니다.

특히 TO_CHAR 함수는 매개변수로 들어오는 데이터형에 따라 숫자→문자, 날짜→문자로 변환합니다. 또한, 두 번째 매개변수인 숫자나 날짜 변환 형식(number_format, date_format)에 따라 다양한 형태로 변환한 결과를 반환하죠. 먼저 숫자 변환 형식을 알아보도록 하죠.

▼ 표 6-7 숫자 변환 형식

형식	설명	사용 예
, (콤마)	콤마 표시	TO_CHAR(123456, '999,999') ➞ 123,456
. (소수점)	소수점 표시	TO_CHAR(123456.4, '999,999.9') ➞ 123,456.4
9	한 자리 숫자를 나타내는데, 실제 숫자의 자리 수와 같거나 크게 명시해야 함	TO_CHAR(123456, '999,999') ➞ 123,456

문자로 변환할 숫자 값의 자리 수에 맞게 '9'를 명시해야 합니다. 예를 들어 12345를 문자로 변환할 경우 총 5자리 숫자이므로, '99999'처럼 '9'를 5번 사

용해야 합니다. '999999'처럼 '9'를 6개 사용하면 문제가 없지만 5개보다 적게 사용하면 변환이 제대로 되지 않습니다. 물론 콤마나 소수점은 자리 수를 셀 때 제외됩니다.

사실 TO_NUMBER 함수를 사용해 문자를 숫자로 변환한 뒤, 다른 숫자와 사칙연산을 하는 경우는 많지만, TO_CHAR 함수를 사용해 숫자를 문자로 변환하는 경우는 그리 많지 않고, 사용하더라도 number_format을 생략하고 사용하는 경우가 더 많습니다.

이번에는 날짜형 변환 형식에 대해 알아보죠. 날짜는 년, 월, 일, 시, 분, 초로 구성되므로 변환 형식이 꽤 많습니다. 다음 표 6-8을 보시죠.

▼ 표 6-8 날짜 변환 형식

형식	설명	사용 예
YYYY YYY YY Y	연도 표시	TO_CHAR(SYSDATE, 'YYYY') → 2019
MONTH MON	월 표시	TO_CHAR(SYSDATE, 'MONTH') → 4월
MM	월을 01, 02, …, 12 형태로 표현	TO_CHAR(SYSDATE, 'MM') → 04
D	주중 일자를 1~7까지 숫자로 표현	TO_CHAR(SYSDATE, 'D') → 2
DAY	주중 일자를 요일로 표현	TO_CHAR(SYSDATE, 'DAY') → 월요일
DD	일을 01, 02, …, 31 형태로 표현	TO_CHAR(SYSDATE, 'DD') → 08
DDD	일을 001, 002, …, 365 형태로 표현	TO_CHAR(SYSDATE, 'DDD') → 098
DL	일을 요일까지 표현	TO_CHAR(SYSDATE, 'DL') → 2019년 4월 8일 월요일
HH HH12	시간을 01, 02, …,12 형태로 표현	TO_CHAR(SYSDATE, 'HH') → 04
HH24	시간을 01, 02, …, 24 형태로 표현	TO_CHAR(SYSDATE, 'HH24') → 16

계속

형식	설명	사용 예
MI	분을 01, 02, …, 59 형태로 표현	TO_CHAR(SYSDATE, 'MI') → 53
SS	초를 01, 02, …, 59 형태로 표현	TO_CHAR(SYSDATE, 'SS') → 05
WW	주를 01, 02, …, 53 형태로 표현	TO_CHAR(SYSDATE, 'WW') → 14

날짜 변환 형식의 종류는 많긴 하지만 표 6-8의 내용을 보면 이해할 수 있을 거예요. 현재 날짜를 문자로 변환할 때 제가 주로 사용하는 형식은 다음과 같습니다.

쿼리 6-5 TO_CHAR 함수 사용 예

```
SELECT TO_CHAR( SYSDATE, 'YYYY-MM-DD HH24:MI:SS' )
  FROM DUAL;
```

✔ 그림 6-5 쿼리 6-5를 실행한 결과

TO_CHAR(SYSDATE,'YYYY-MM-DD HH24:MI:SS')
2019-02-26 11:39:46

SYSDATE는 현재 일자를 반환하는 빌트인 함수입니다. 따라서 쿼리 6-5를 실행하는 시점에 따라 결과는 다릅니다. 이처럼 원하는 형태로 날짜 변환 형식을 여러 개 결합해 사용합니다. 또한, 날짜 변환 형식은 TO_DATE 함수에서도 동일하게 사용할 수 있는데, TO_DATE 함수는 TO_CHAR 함수와는 반대로 날짜를 나타내는 문자열을 날짜형으로 변환해 줍니다.

마지막으로 한 가지 짚고 넘어가도록 하죠. 4장에서 INSERT 문으로 데이터를 입력했던 쿼리 4-1을 다시 살펴봅시다.

쿼리 4-1 4장에서 사용한 INSERT 문

```
INSERT INTO emp03 ( emp_id, emp_name, gender, age, hire_date )
VALUES ( 1, '홍길동', '남성', 33, '2018-01-01' );
```

위 문장에서 hire_date 컬럼은 날짜형인 DATE형인데 실제 입력하는 데이터는 '2018-01-01'인 문자형 데이터를 넣었습니다. 그런데 오류가 나지 않고 정상적으로 입력되었습니다. 왜일까요? 결론부터 말하면 '2018-01-01'이 문자형 데이터이긴 하나 날짜 형식에 맞는 데이터이므로 오라클이 자동으로 날짜형으로 변환해 줬기 때문에 정상 입력된 것입니다. 이렇게 자동으로 형변환을 해주는 것을 묵시적 형변환이라고 합니다. 반면 이 절에서 배운 형변환 함수를 사용해 데이터형을 변환하는 것을 명시적 형변환이라고 합니다. 비록 오라클이 자동으로 형변환을 해 주긴 하지만 항상 형변환 함수를 사용해 명시적 형변환을 해 주는 것이 좋습니다. 따라서 쿼리 4-1을 제대로 다시 작성하면 다음과 같습니다.

쿼리 6-6 명시적 형변환

```
INSERT INTO emp03 ( emp_id, emp_name, gender, age, hire_date )
VALUES ( 1, '홍길동', '남성', 33, TO_DATE('2018-01-01', 'YYYY-MM-DD') );
```

6.3 기타 함수

SQL

지금까지 주요 SQL 함수에 대해 살펴봤습니다. 이 절에서는 나머지 주요 함수에 대해 알아보도록 하겠습니다.

6.3.1 NULL 관련 함수

NULL에 대해서는 3장에서 잠깐 설명했지요? NULL과 관련된 별도의 함수가 있습니다. 몇 개 되지 않으니 바로 설명하도록 하죠.

- **NVL(expr1, expr2)**

  expr1 값이 NULL인 경우 expr2를 반환하는 함수로 꽤 많이 사용되는 함수 중 하나입니다. 쓰임새는 매우 다양한데, NULL 허용 컬럼 값을 조회할 때 해당 컬럼에 데이터가 있는 경우(expr1)는 그대로 보여주고, 데이터가 없는 NULL인 경우는 대체 값(expr2)을 보여줄 때 주로 사용합니다.

- **NVL2(expr1, expr2, expr3)**

  expr1 값이 NULL인 경우 expr3을, NULL이 아닌 경우에는 expr2를 반환하는 함수입니다.

- **COALESCE(expr1, expr2, …)**

  매개변수인 expr1, expr2, expr3, … 에서 첫 번째로 NULL이 아닌 값을 반환합니다.

- **NULLIF(expr1, expr2)**

  매개변수인 expr1과 expr2 값을 비교해 두 값이 같으면 NULL을, 같지 않으면 expr1을 반환합니다.

NULL 관련 함수 4개의 간단한 사용법이 쿼리 6-7에 나와 있습니다.

쿼리 6-7 NULL 관련 함수

```
SELECT NVL( NULL, 'N/A' )
      ,NVL2( 1, 2, 3 )
      ,COALESCE( NULL, NULL, 5, 4, NULL )
      ,NULLIF( 'NULL', 'null' )
  FROM DUAL;
```

▼ 그림 6-6 쿼리 6-7을 실행한 결과

NVL(NULL,'N/A')	NVL2(1,2,3)	COALESCE(NULL,NULL,5,4,NULL)	NULLIF('NULL','NULL')
N/A	2	5	NULL

쿼리와 결과를 비교해 보면 각 함수의 기능을 쉽게 알 수 있을 것입니다. NVL 함수는 첫 번째 매개변수가 NULL이므로 두 번째 매개변수인 'N/A'를 반환했습니

다. NVL2 함수의 경우 첫 번째 매개변수인 1이 NULL이 아니므로 2를 반환했군요. COALESCE 함수는 매개변수 중 NULL이 아닌 첫 번째 값인 5를 반환했습니다.

마지막으로 NULLIF 함수의 경우 첫 번째와 두 번째 매개변수 값이 같지 않으므로 첫 번째 값인 'NULL'을 반환했습니다. 여기에서 한 가지 눈여겨 볼 점이 있는데, 'NULL'과 'null'은 분명히 다른 값입니다(이 두 값은 따옴표로 감쌌기 때문에 NULL이 아닌 문자 값입니다). 오라클의 경우 대소문자를 명확히 구분하므로 두 값이 달라 첫 번째 매개변수 값을 반환했죠. 참고로 대소문자를 구분하지 않는, 즉 'NULL'과 'null'을 같은 값으로 처리하는 RDBMS도 있습니다.

6.3.2 기타 함수

여러분이 알아둬야 할 함수 중 분류하기가 애매한 함수들도 있는데, 여기에서는 이에 대해 소개하도록 하죠.

- **GREATEST(expr1, expr2, …)**
  매개변수 expr1, expr2, … 중 가장 큰 값을 찾아 반환합니다. 매개변수 값에 대해 내부적으로 비교 연산을 수행해 그 중 큰 값을 결과로 반환하므로 expr에 문자, 숫자, 날짜가 올 수 있습니다. 그런데 한 가지 특이한 점은 문자끼리 혹은 숫자끼리의 비교뿐만 아니라 문자와 숫자가 동시에 올 수도 있습니다. 이때 이 함수의 반환 값의 데이터형은 첫 번째 매개변수인 expr1을 따릅니다.

예를 들어 GREATEST('a', 2, 3, 4)의 경우, 첫 번째 매개변수가 문자형이므로 나머지 2, 3, 4를 문자로 묵시적 형변환을 수행해 비교한 뒤 가장 큰 값인 'a'를 반환합니다. 여기서 문자 'a'와 '4' 중 어떤 것이 클까요? 'a'가 큽니다. 그 이유는 일반적으로 ASCII 코드 값으로 문자의 크기를 비교하기 때문입니다. '4' 같은 숫자형 문자의 ASCII 코드 값은 알파벳 문자보다 값이 작습니다. 참고로 대문자가 소문자보다 값이 작습니다(이는 오라클 내부 설정 값에 따라 바뀔 수도 있는데 특별히 다른 설정 값을 적용하지 않는 한 기본적으로는 ASCII 코드 값으로 비교합니다).

반면 GREATEST(1, 'b', 'c', 'd')는 첫 번째 매개변수가 숫자이므로 나머지 매개변수를 숫자형으로 묵시적 형변환을 수행하는데, 알파벳 문자를 숫자로 형변환할 수 없어 오류가 반환됩니다.

- **LEAST(expr1, expr2, …)**
  GREATEST와 동작 방식은 같으나 가장 큰 값이 아닌 가장 작은 값을 반환합니다.
- **DECODE(expr, comp_val1, result1, comp_val2, result2, …, default_value)**
  DECODE 함수는 첫 번째 매개변수인 expr 값이 comp_val1과 같으면 result1을 반환하고 comp_val2와 같으면 result2를 반환하는 식입니다. 매개변수로 나열한 비교 값 어느 것과도 같지 않으면 맨 끝에 명시한 default_value를 반환하는데, 이를 생략하면 NULL을 반환합니다. 이 함수의 매개변수는 expr, default_value를 포함해 255개까지 사용할 수 있습니다.

지금까지 SQL 함수에 대해 알아봤습니다. 여기서 소개한 함수 외에도 같은 유형에 속하는 함수가 많고 또 전혀 다른 유형에 속하는 함수도 많습니다만, 필요하다고 판단되는 함수들만 추려서 설명했습니다. 각 함수의 사용법을 꼭 외우고 있을 필요는 없습니다. 다만 이러이러한 기능을 하는 함수는 어떤 것이다 정도로만 숙지하고 있으면 됩니다. 세부적인 사용법은 이 책이나 인터넷에서 검색하여 쉽게 찾을 수 있습니다. 또한, 매개변수를 변경해 가면서 함수를 사용해 보고 그 결과를 확인하며, 오류가 발생했다면 어떤 부분의 구문을 잘못 작성했는지 찾아 수정하는 과정을 거친다면 자연스럽게 함수가 머릿속에 쏙쏙 들어올 거예요.

6.4 CASE 표현식

5장에서 SELECT 절에 사용할 수 있는 표현식에 대해 잠깐 설명했습니다. 기억나지요? 이 절에서는 CASE 표현식에 대해 알아보겠습니다.

뜬금없이 이 절에서 CASE 표현식을 다루는 이유는 이 표현식이 직전에 설명했던 DECODE 함수와 동작 방식이 유사하기 때문입니다. 그래서 CASE 표현식이 등장한 이후로는 CASE 표현식이 DECODE 함수를 대체하는 경우가 많습니다. 먼저 CASE 표현식 구문부터 살펴보도록 하죠. CASE 표현식은 두 가지 형태로 사용할 수 있습니다.

단순형 CASE 표현식 구문

```
CASE expr WHEN comparision_expr1 THEN return_expr1
          WHEN comparision_expr2 THEN return_expr2
          …
          ELSE else_expr
END
```

단순형 CASE 표현식은 expr 값이 WHEN 다음의 comparision_expr1과 같으면 return_expr1을, comparision_expr2와 같으면 return_expr2를 반환하는 식으로 처리됩니다. 모든 WHEN 절과 비교해 같지 않으면 ELSE 절로 제어권이 넘어와 else_expr을 반환합니다. 여기서 주의할 점은 return_expr1, return_expr2, …, else_expr은 모두 같은 데이터형이어야 한다는 점입니다. 즉, 첫 번째 WHEN 절에서 숫자형을, 두 번째 WHEN 절에서 문자형 값을 사용할 수는 없습니다.

검색형 CASE 표현식 구문

```
CASE WHEN condition1 THEN return_expr1
     WHEN condition2 THEN return_expr2
     …
     ELSE else_expr
END
```

검색형 CASE 표현식은 WHEN 절 자체에 비교 조건이 들어가고 나머지는 단순형과 쓰임새가 동일합니다. 단순형은 expr 값이 WHEN 절 이하의 값과 같은 경우만 체크할 수 있는 반면, 검색형 CASE 표현식은 WHEN 절에서 조건식을 사용할 수 있어 다양한 조건 비교가 가능해 그 활용 범위가 더 넓습니다. 조건식을 사용할 수 있다는 것은 단순히 값이 같은지 뿐만 아니라 기준 값이 비교 값과 크거나 작은지 등 다양한 연산자를 사용해 비교 범위를 넓힐 수 있다는 의미입니다. 이런 이유로 단순형보다 검색형 구문을 더 많이 사용합니다. 여기에서는 검색형 CASE 표현식을 한번 사용해 보도록 하죠.

쿼리 6-8 검색형 CASE 표현식

```
SELECT emp_name
      ,age
      ,CASE WHEN age BETWEEN 0  AND 19 THEN '10대'
            WHEN age BETWEEN 20 AND 29 THEN '20대'
            WHEN age BETWEEN 30 AND 39 THEN '30대'
            WHEN age BETWEEN 40 AND 49 THEN '40대'
            WHEN age BETWEEN 50 AND 59 THEN '50대'
            ELSE '60대 이상'
       END ages
  FROM EMP03;
```

3장에서 생성했던 emp03 테이블 기억나시죠? 이 테이블의 age 컬럼에는 사원의 나이가 들어가 있습니다. 쿼리 6-8은 CASE 표현식을 사용해 age 컬럼 값에 따라 10대에서 50대까지 연령별로 구분해 그 결과를 반환합니다. age 값을 WHEN

절에서 BETWEEN~AND 조건식을 사용해 비교했고, 조건식이 참인 경우 각각 '10대'에서 '50대'까지 값을 반환합니다. 60세 이상인 경우는 WHEN 절 조건식을 만족하지 않고 ELSE 절로 넘어가 '60대 이상'을 반환합니다. 이 쿼리의 결과를 볼까요?

▼ 그림 6-7 쿼리 6-8을 실행한 결과

EMP_NAME	AGE	AGES
홍길동	33	30대
김유신	44	40대
강감찬	55	50대
신사임당	45	40대

원하는 대로 결과가 조회됐군요. 이런 식의 비교는 단순형 CASE 표현식으로는 만들 수 없죠. 또한 BETWEEN~AND 구문 대신 비교 연산자인 >=와 <=를 사용해도 동일한 결과가 나옵니다.

앞에서 DECODE 함수는 CASE 표현식과 같은 기능을 한다고 했는데요. 정확히 말하면 DECODE 함수는 단순형 CASE 표현식과 같은 기능을 합니다. 검색형 CASE 표현식은 DECODE 함수로 대체할 수 없습니다. CASE 표현식은 코드가 길어지는 단점이 있지만, 가독성도 좋고 다양한 조건식을 사용할 수 있다는 점에서 그 활용도가 매우 큽니다.

이번 장에서는 SQL 연산자와 함수 그리고 CASE 표현식에 대해 배웠습니다. 이론과 기능 위주로 설명하다 보니 알 것 같긴 한데 확실히 알고 있다고 단언하기는 어려운 상태일 것입니다. SQL 문법에 대한 내용을 숙지하고 다양한 형태로 많이 사용하다 보면 어느 순간 자유자재로 SQL 문장을 작성하는 자신의 모습을 발견하게 될 거예요. 이어지는 장에서 다양한 형태로 문장을 작성해 볼 기회가 있으니 조급해 말고 지금까지 배운 내용을 여러 번 읽어 보세요.

7장

데이터 집계

지난 6장까지는 SQL 관련 문법과 사용법 등 이론에 치중해서 다소 지루하다고 느꼈을지 모르겠군요. 이번 장부터는 이론 학습을 포함해 지금까지 배운 내용과 앞으로 배울 내용을 섞어 다양한 형태의 SQL 문장을 작성하여 입맛에 맞게 데이터를 조회해 보도록 하죠.

지금까지 배웠던 SELECT 문장은 단순히 테이블에 있는 데이터를 조회하는 형태였습니다. 하지만 이런 식으로만 사용하면 데이터에서 의미를 찾을 수 없겠죠. 이번 장에서는 데이터를 조회하면서 의미 있는 결과를 도출해 낼 것입니다. 데이터를 분석하는 첫 걸음을 내딛는 셈입니다.

데이터 분석의 가장 기본적인 단계는 테이블에 있는 데이터를 특정 컬럼 기준으로 집계하는 것입니다. 가령 '과목별 반 학생들의 전체 평균 점수는 얼마인가?', '가장 매출이 높거나 낮은 월은 언제인가?' 같은 질문에 대한 답을 찾는 거겠죠. 이런 식으로 데이터를 집계해야 목적에 맞게 분석할 수 있습니다. 이 장에서는 SELECT 문을 사용해 데이터를 집계해 결과를 조회하는 방법을 알아보겠습니다.

7.1 GROUP BY 절과 집계 함수

데이터 집계는 5장에서 배운 SELECT 문장에 GROUP BY 절을 추가해야 할 수 있습니다. 좀 더 자세히 말하면 GROUP BY 절과 집계 함수를 동시에 사용해야 합니다.

7.1.1 GROUP BY 절

먼저 GROUP BY 절의 구문을 살펴볼까요?

GROUP BY 절 구문

```
SELECT expr1, expr2, …
  FROM …
 WHERE …
   AND …
 GROUP BY expr1, expr2, …
 ORDER BY …
```

사용법은 간단합니다. GROUP BY 절은 WHERE 절과 ORDER BY 절 사이에 위치해 집계할 대상 컬럼이나 표현식을 명시하면 됩니다. 물론 WHERE 절이나 ORDER BY 절은 생략 가능하니 ORDER BY 절이 FROM 절 바로 아래에 위치할 수도 있죠. 또한, GROUP BY 절에 명시한 모든 컬럼이나 표현식은 SELECT 절에도 명시해야 합니다. 그럼 직접 쿼리를 작성해 어떤 결과가 나오는지 살펴보도록 하죠.

쿼리 7-1 GROUP BY 절

```
SELECT station_name
  FROM subway_statistics
 WHERE gubun = '승차'
 GROUP BY station_name
 ORDER BY station_name;
```

▼ 그림 7-1 쿼리 7-1을 실행한 결과(조회 결과 일부만 발췌)

STATION_NAME
가락시장(340)
강남(222)
강변(214)
건대입구(212)
경복궁(317)
경찰병원(341)
고속터미널(329)
교대(223)
교대(330)
구로디지털단지(232)
구의(213)
구파발(310)

지하철역명으로 집계가 되었습니다. 즉, 지하철역명이 단 한 번씩만 조회된 것이죠. 그런데 데이터를 분석하기에는 뭔가 부족해 보입니다. 지하철역명 외에도 좀 더 많은 정보가 필요할 것 같군요.

GROUP BY 절은 집계 함수와 같이 사용해야 의미가 있습니다. 집계 함수는 6장에서 배웠던 SQL 함수의 일종으로 테이블에 있는 데이터의 전체 건수를 구하거나 특정 컬럼의 최댓값, 최솟값, 평균 등을 구하는 함수입니다. 따라서 진도를 더 나가기 전에 집계 함수에 대해 알아보도록 하죠.

7.1.2 집계 함수

6장에서 SQL 함수에 대해 살펴봤는데, 나름대로 줄이고 줄인다고 했어도 내용이 많아 지루했을 수도 있을 거라는 생각이 들지만, 또 집계 함수란 것을 배워야 하는군요. 하지만 몇 개 되지 않으니 부담감은 떨쳐 버리세요.

- **COUNT(expr)**

  expr의 전체 개수를 구해 반환합니다. 보통 expr로 '*'를 사용하는데 이렇게 하면 해당 SELECT 문에서 조회된 전체 데이터 건수를 알 수 있습니다.

- **MAX(expr)**

  expr의 최댓값을 반환합니다.

- **MIN(expr)**

  expr의 최솟값을 반환합니다.

- **SUM(expr)**

  expr의 합계를 반환합니다.

- **AVG(expr)**

  expr의 평균값을 반환합니다.

- **VARIANCE(expr)**

  expr의 분산을 반환합니다.

- **STDDEV(expr)**

  expr의 표준편차를 반환합니다.

이외에도 여러 가지 집계 함수가 있지만 많이 사용하는 것은 이 6개입니다. 사실 분산과 표준편차를 구하는 VARIANCE와 STDDEV 함수도 잘 사용하지 않습니다. 일상생활에서 분산과 표준편차를 사용할 일이 거의 없기 때문이죠. 물론 통계 작업을 하는 사람은 다르겠지만요. 그럼 집계 함수를 사용해 보죠.

쿼리 7-2 집계 함수

```
SELECT COUNT(*) cnt
      ,MIN(passenger_number) min_value
      ,MAX(passenger_number) max_value
      ,SUM(passenger_number) sum_value
      ,AVG(passenger_number) avg_value
FROM subway_statistics;
```

그림 7-2 쿼리 7-2를 실행한 결과

CNT	MIN_VALUE	MAX_VALUE	SUM_VALUE	AVG_VALUE
2142	8	17062	2719677	1269.690476190476190476190476190476190476

이 쿼리는 GROUP BY 절을 사용하지 않아 특정 컬럼이나 표현식 별로 집계를 한 것이 아닙니다. 더구나 WHERE 절도 없으므로 테이블 전체 데이터에 대한 집계값이 반환됐죠. 결과를 하나씩 살펴봅시다.

- COUNT(*): 전체 건수를 반환. 즉, 이 테이블 데이터 건수가 총 2,142건입니다.
- MIN(passenger_number): 지하철역, 시간, 승하차 여부에 상관없이 최소 승객 수가 8명이군요.

- MAX(passenger_number): 지하철역, 시간, 승하차 여부에 상관없이 최대 승객 수는 17,062명입니다.
- SUM(passenger_number): 지하철역, 시간, 승하차 여부에 상관없이 전체 승객이 2,719,677명이나 되는군요.
- AVG(passenger_number): 평균 승하차 승객 수는 대략 1,269명입니다.

집계 함수가 어떠한 연산을 수행하고 결과를 돌려주는지 이해할 수 있을 것입니다. 그런데 이 쿼리도 문제는 없지만 결과가 좀 이상합니다. 전체 건수나 전체 승객 수는 그나마 의미가 있다고 해도, 여기서 구한 최소, 최대, 평균 승하차 인원수는 별 의미가 없습니다. 즉, 집계 함수나 GROUP BY 절 둘 다 단독으로 사용하면 의미가 없고 둘을 결합해 사용해야 합니다.

쿼리 7-3 지하철역별 승차 인원 통계

```
SELECT station_name
      ,COUNT(*) cnt
      ,MIN(passenger_number) min_value
      ,MAX(passenger_number) max_value
      ,SUM(passenger_number) sum_value
      ,AVG(passenger_number) avg_value
  FROM subway_statistics
 WHERE gubun = '승차'
 GROUP BY station_name
 ORDER BY station_name;
```

▼ 그림 7-3 쿼리 7-3을 실행한 결과(조회 결과 일부만 발췌)

STATION_NAME	CNT	MIN_VALUE	MAX_VALUE	SUM_VALUE	AVG_VALUE
가락시장(340)	9	139	1289	5386	598.444444444444444444444444444444444444
강남(222)	9	676	3593	14949	1661
강변(214)	9	620	7126	27601	3066.77777777777777777777777777777777778
건대입구(212)	9	693	4995	19688	2187.55555555555555555555555555555555556
경복궁(317)	9	162	1041	5156	572.888888888888888888888888888888888889
경찰병원(341)	9	117	1260	4898	544.222222222222222222222222222222222222
고속터미널(329)	9	437	2806	14523	1613.66666666666666666666666666666666667
교대(223)	9	259	1901	8231	914.555555555555555555555555555555555556
교대(330)	9	69	548	2333	259.222222222222222222222222222222222222
구로디지털단지(232)	9	1095	8588	35203	3911.44444444444444444444444444444444444
구의(213)	9	474	5044	17854	1983.77777777777777777777777777777777778

쿼리 7-3은 쿼리 7-1과 7-2를 결합해 지하철역별로 승차 인원 데이터를 집계한 것입니다. GROUP BY 절에 station_name을 기술했으니 지하철역별로 집계를 한다는 것이고, station_name은 SELECT 절에도 반드시 기술해야 합니다. 또한, SELECT 절에는 GROUP BY 절에 명시한 컬럼이나 표현식 외 다른 것은 모두 집계 함수 형태만 사용할 수 있습니다.

집계 결과가 그림 7-3에 나와 있습니다. 이 결과를 보면 각 지하철역별 총 데이터 건수(로우 수), 최소와 최대 승차 인원 그리고 총 승차 인원과 평균 승차 인원을 알 수 있습니다. 그림 7-3에 나온 데이터만 보면 다른 역에 비해 구로디지털단지역에서 승차 인원이 많은 걸 알 수 있죠. 좀 더 세밀하게 분석하려면 추가 정보가 더 필요할 것 같군요.

쿼리 7-4 구로디지털단지역 시간별 승하차 인원 조회

```
SELECT station_name
      ,boarding_time
      ,gubun
      ,MIN(passenger_number) min_value
      ,MAX(passenger_number) max_value
      ,SUM(passenger_number) sum_value
  FROM subway_statistics
 WHERE station_name in ('구로디지털단지(232)')
 GROUP BY station_name, boarding_time, gubun
 ORDER BY station_name, boarding_time, gubun;
```

▼ 그림 7-4 쿼리 7-4를 실행한 결과

STATION_NAME	BOARDING_TIME	GUBUN	MIN_VALUE	MAX_VALUE	SUM_VALUE
구로디지털단지(232)	7	승차	1095	7486	10623
구로디지털단지(232)	7	하차	598	4152	5577
구로디지털단지(232)	8	승차	2049	8588	14008
구로디지털단지(232)	8	하차	817	13574	16101
구로디지털단지(232)	9	승차	2667	4646	10572
구로디지털단지(232)	9	하차	1304	7286	10340

구로디지털단지역만 좀 더 자세히 보니, 전반적으로 승하차 인원이 많지만 특히 출근 시간인 8시(8~9시)대에 인원이 급격히 증가한 것을 알 수 있습니다. 특히 승차 인원보다 하차 인원이 많으므로 이곳에 회사가 많다는 점을 유추할 수 있겠죠. 그렇다면 출근 시간에 가장 많이 하차하는 역은 어디일까요?

쿼리 7-5 승하차 인원이 많은 순서로 조회

```
SELECT station_name
      ,boarding_time
      ,gubun
      ,MIN(passenger_number) min_value
      ,MAX(passenger_number) max_value
      ,SUM(passenger_number) sum_value
  FROM subway_statistics
 GROUP BY station_name, boarding_time, gubun
 ORDER BY 6 DESC;
```

▼ 그림 7-5 쿼리 7-5를 실행한 결과(조회 결과 일부만 발췌)

STATION_NAME	BOARDING_TIME	GUBUN	MIN_VALUE	MAX_VALUE	SUM_VALUE
강남(222)	9	하차	3304	14578	25269
신림(230)	8	승차	3012	15186	23334
강남(222)	8	하차	1736	16917	22998
역삼(221)	8	하차	903	17062	19629
삼성(219)	8	하차	1556	15700	19480
을지로입구(202)	8	하차	1801	14460	18462
선릉(220)	8	하차	859	14398	17267
신림(230)	9	승차	4057	7787	17086
삼성(219)	9	하차	2789	10186	16772
신림(230)	7	승차	1703	11822	16610

전체 지하철역이 대상이므로 WHERE 절은 기술하지 않았고, GROUP BY 절과 집계 함수 사용은 이전 쿼리와 동일합니다. 다만 ORDER BY 절에서 승하차 인원 합계를 내림차순으로 정렬하게 해서 승하차 인원이 많은 순으로 조회했습니다.

한 가지 주의할 점은 집계 함수는 SELECT 절에서만 사용할 수 있다는 점입니다. 따라서 ORDER BY 절에서는 컬럼이나 표현식 대신 SELECT 절에 명시한 표현식 순서를 기반으로 숫자로 명시했습니다. 'ORDER BY 6 DESC'는 SELECT 절의 여섯 번째 항목인 승하차 인원 합계(SUM(passenger_number))별로 내림차순으로 정렬하라는 의미입니다.

역시 출근 시간의 하차 인원은 회사가 많은 강남 라인에서 많군요. 또한, 승차 인원은 신림역에서 8시에서 9시 사이에 제일 많다는 것을 알 수 있습니다. 신림역 부근에 직장인들이 상당히 거주한다고 유추할 수 있습니다. 예전에 저도 신림역 근처에서 오래 살았는데 원룸이 꽤 많이 있고 직장인들이 많이 산다고 생각했습니다. 실제 데이터를 보니 그리 틀린 생각은 아니었군요.

쿼리를 작성해 뭔가 유의미한 데이터를 조회해 분석해 보니 좀 재미있지 않나요? 집계 함수와 GROUP BY 절은 사용법이 간단한데 비해 도출되는 결과가 꽤 훌륭합니다. 좀 더 세밀하게 분석하려면 더 많은 데이터와 복잡한 통계 기법이 필요하겠지만, 여기서 배운 내용만으로도 누구나 쉽게 기본적인 데이터 분석을 할 수 있을 것입니다.

7.2 HAVING 절

계속 이어서 얘기를 해 보죠. 만약 승하차 인원 합계가 15000~16000명 사이인 역만 조회하려면 어떻게 해야 할까요? 이전 쿼리는 인원 합계별 내림차순 정렬을 했으므로 쿼리 실행 결과에서 세로 스크롤바를 내리면서 찾아보면 됩니다만 이는 귀찮은 일이죠. 혹시 뭔가 조건을 거는 작업이므로 WHERE 절을 떠올렸나요? 다시 이야기하지만 집계 함수는 SELECT 절에서만 사용할 수 있습니다.

이럴 때 사용하는 것이 HAVING 절입니다. HAVING 절은 GROUP BY 절과 함께 사용되며 집계 함수 결과 값으로 조건을 걸 때 사용합니다. 쿼리를 보시죠.

쿼리 7-6 HAVING 절

```
SELECT station_name
      ,boarding_time
      ,gubun
      ,MIN(passenger_number) min_value
      ,MAX(passenger_number) max_value
      ,SUM(passenger_number) sum_value
  FROM subway_statistics
 GROUP BY station_name, boarding_time, gubun
 HAVING SUM(passenger_number) BETWEEN 15000 AND 16000
 ORDER BY 6 DESC;
```

▼ 그림 7-6 쿼리 7-6을 실행한 결과

STATION_NAME	BOARDING_TIME	GUBUN	MIN_VALUE	MAX_VALUE	SUM_VALUE
종각(152)	8	하차	1053	13220	15885
양재(332)	8	하차	1170	12451	15849
역삼(221)	9	하차	1244	12037	15579

HAVING 절에서는 집계 함수를 사용해 그 결과 값에 대한 조건식을 만들 수 있습니다. WHERE 절의 기능과 비슷하지만, HAVING 절은 GROUP BY 절과 함께 사용되어 집계 쿼리의 조건절 역할을 합니다. 쿼리 7-6은 HAVING 절에서 승하차 인원 합계가 15000~16000명인 건만 조회했고, 그 결과로 3개의 로우가 조회된 것을 알 수 있습니다.

집계하는 쿼리는 아니지만 GROUP BY 절을 사용하지 않고 쿼리 7-1과 같은 결과를 추출해 내는 방법이 있습니다. 바로 DISTINCT 키워드를 사용하는 것입니다.

쿼리 7-7 DISTINCT 사용

```
SELECT DISTINCT station_name
  FROM subway_statistics
 WHERE gubun = '승차'
 ORDER BY 1;
```

▼ 그림 7-7 쿼리 7-7을 실행한 결과(조회 결과 일부만 발췌)

STATION_NAME
가락시장(340)
강남(222)
강변(214)
건대입구(212)
경복궁(317)
경찰병원(341)
고속터미널(329)
교대(223)
교대(330)
구로디지털단지(232)
구의(213)
구파발(310)
금호(324)
길음(417)
낙성대(227)
남부터미널(331)
남태령(434)
노원(411)
녹번(313)
당고개(409)
당산(237)

SELECT 절에 'DISTINCT 컬럼 명' 형태로 사용하면 해당 컬럼에 들어 있는 값에서 중복 값을 제외한 유일한(고유한) 값들만 조회되어 GROUP BY 절을 사용한 효과가 납니다.

지금까지 SELECT 문장에서 집계 함수, GROUP BY 절과 HAVING 절을 사용해 데이터를 집계하는 방법을 살펴봤습니다. 이외에도 ROLLUP 절과 CUBE 절이란 것이 있습니다. 둘은 GROUP BY 절로 지정한 표현식에 대한 부분 합계를 추가로 보여주는 역할을 하는데 이 책에서는 다루지 않겠습니다. 다른 SQL 관련 책에는 빠지지 않는 내용이지만, 생각보다 사용법이 복잡한 반면 쓰임새가 많지 않다는 것이 제 판단입니다. 실제로 십수 년 넘게 쿼리를 작성하면서 ROLLUP과 CUBE를 사용한 적은 10번 남짓뿐인 것 같습니다. 이런 이유로 두 개념에 대한 학습은 생략하고 다음 내용으로 넘어가도록 하죠.

8장

집합 쿼리

RDBMS 이론은 수학 이론을 기초로 해서 만들어졌다고 합니다. 구체적으로 어떤 수학 이론을 어떻게 적용했는지는 E.F.커드 박사의 논문을 읽어 봐야 정확히 알 수 있을 것 같습니다만, SQL 구문 중에 우리가 수학 시간에 배운 개념과 비슷한 내용이 있습니다. 바로 집합 개념입니다. 집합은 원소로 구성되어 있고 그 종류로는 교집합, 합집합, 차집합 등이 있지요. 정확히 일치하진 않지만 이와 매우 유사한 개념이 SQL 구문에도 있습니다. 바로 SQL의 집합 쿼리입니다.

SQL의 집합 쿼리는 집합 연산자를 이용해서 구현할 수 있는데, 이 집합 연산자의 동작 방식이 수학의 집합 연산과 매우 유사합니다. SQL의 집합 연산자는 기본적으로 두 개 이상의 독립적인 SELECT 문장을 연결하는 형태입니다. 논의를 단순하게 하기 위해 이 장에서는 두 개의 SELECT 문장, 즉 두 개의 집합만을 대상으로 설명하겠습니다.

독립적인 각 SELECT 문이 반환하는 결과를 하나의 집합으로 보고, 집합 연산자를 사용해 두 집합을 교집합 형태로 가져올 것인지 합집합 형태로 가져올 것인지 처리할 수 있습니다. 수학에서 집합을 이루는 원소를 SQL에서는 SELECT 문에서 반환하는 데이터라고 생각하면 됩니다. 수학에서는 집합의 원소가 단일 숫자인 반면, SQL에서는 SELECT 문에 따라 반환하는 컬럼이 여러 개일 수 있고 각 컬럼의 데이터형이 다양하다는 점을 차이점으로 꼽을 수 있겠군요. 따라서 집합 쿼리로 연결되는 독립적인 두 SELECT 문이 반환하는 결과의 컬럼 수와 데이터형은 각각 모두 동일해야 합니다.

본격적으로 들어가기 전에 이 장에서 사용할 테이블을 먼저 만들어 보도록 하죠. 3장에서 만든 emp03 테이블과 동일한 구조로 다음과 같이 emp08 테이블을 생성하세요(쿼리 8-1과 8-2의 실행 결과는 생략하겠습니다).

쿼리 8-1 emp08 테이블 생성

```
CREATE TABLE emp08
(
  emp_id2     NUMBER        NOT NULL,
  emp_name2   VARCHAR2(100) NOT NULL,
```

```
  gender     VARCHAR2(10),
  age        NUMBER,
  hire_date  DATE,
  etc        VARCHAR2(300),
  CONSTRAINT emp08_pk PRIMARY KEY (emp_id2)
);
```

테이블을 생성했으면 데이터를 넣어야 합니다. 쿼리 8-2를 실행해 데이터를 생성해 보죠.

쿼리 8-2 emp08 테이블 데이터 입력

```
INSERT INTO emp08 ( emp_id2, emp_name2, gender, age, hire_date )
VALUES (1, '선덕여왕', '여성', 23, TO_DATE('2018-02-01', 'YYYY-MM-DD'));

INSERT INTO emp08 ( emp_id2, emp_name2, gender, age, hire_date )
VALUES (2, '허난설헌', '여성', 33, TO_DATE('2018-02-01', 'YYYY-MM-DD'));

INSERT INTO emp08 ( emp_id2, emp_name2, gender, age, hire_date )
VALUES (3, '김만덕', '여성', 43, TO_DATE('2018-02-01', 'YYYY-MM-DD'));

INSERT INTO emp08 ( emp_id2, emp_name2, gender, age, hire_date )
VALUES (4, '장희빈', '여성', 35, TO_DATE('2018-02-01', 'YYYY-MM-DD'));

INSERT INTO emp08 ( emp_id2, emp_name2, gender, age, hire_date )
VALUES (5, '신사임당', '여성', 45, TO_DATE('2018-02-01', 'YYYY-MM-DD'));

COMMIT;
```

모두 성공했으면 준비는 끝났습니다. 이제 집합 연산자의 종류와 사용법에 대해 하나씩 알아보도록 하죠.

8.1 UNION ALL

UNION ALL은 두 집합의 모든 원소를 가져오는 합집합 개념과 같습니다. SQL에서는 두 개의 SELECT 문장을 UNION ALL로 연결하면 각 문장이 반환하는 결과가 모두 조회됩니다. UNION ALL의 사용법은 다음과 같습니다.

UNION ALL 구문

```
SELECT col1, col2, …
  FROM …
 WHERE …
UNION ALL
SELECT col1, col2, …
  FROM …
 WHERE …
```

일반 SELECT 문장과 다른 점은 두 문장 사이에 UNION ALL이라는 집합 연산자가 추가됐다는 점뿐입니다. SELECT 문장이 두 개지만 집합 연산자로 인해 하나의 문장으로 연결된 것이죠. UNION ALL뿐만 아니라 모든 집합 연산자가 이런 형태로 사용됩니다. 따라서 집합 연산자로 연결되는 SELECT 문장은 각각 사용하는 컬럼 수와 데이터형이 일치해야 하지만, SELECT 절에 명시하는 컬럼의 이름은 달라도 상관 없습니다. 집합 연산자를 사용한 쿼리의 최종 조회 결과는 첫 번째 SELECT 문의 컬럼 명을 기준으로 조회됩니다.

emp03과 emp08 테이블은 구조는 같지만 데이터는 다릅니다. 두 테이블에 있는 모든 데이터를 하나의 SELECT 문장으로 조회할 때도 UNION ALL을 사용합니다.

쿼리 8-3 UNION ALL 연산자

```
SELECT emp_id, emp_name, gender, age
  FROM emp03
 UNION ALL
SELECT emp_id2, emp_name2, gender, age
  FROM emp08;
```

▼ 그림 8-1 쿼리 8-3을 실행한 결과

EMP_ID	EMP_NAME	GENDER	AGE
1	홍길동	남성	33
2	김유신	남성	44
3	강감찬	남성	55
4	신사임당	남성	45
1	선덕여왕	여성	23
2	허난설헌	여성	33
3	김만덕	여성	43
4	장희빈	여성	35
5	신사임당	여성	45

결과를 보면 emp03 테이블과 emp08 테이블에 있는 모든 데이터가 조회된 것을 알 수 있습니다. emp08 테이블의 경우 컬럼 명이 emp_id, emp_name이 아닌 emp_id2, emp_name2지만, 첫 번째 SELECT 문에서 사용된 컬럼 명으로 조회되므로 emp_id, emp_name으로 조회된 것을 알 수 있습니다. 다시 한번 강조하지만 두 SELECT 절에서 사용하는 컬럼의 데이터형과 수는 일치해야 합니다. 만약 이 규칙을 어긴 문장을 실행하면 다음과 같은 오류가 발생합니다.

쿼리 8-4 컬럼 수가 다른 경우

```
SELECT emp_id, emp_name, gender, age
  FROM emp03
 UNION ALL
SELECT emp_id2, emp_name2, gender
  FROM emp08;
```

▼ 그림 8-2 쿼리 8-4를 실행한 결과

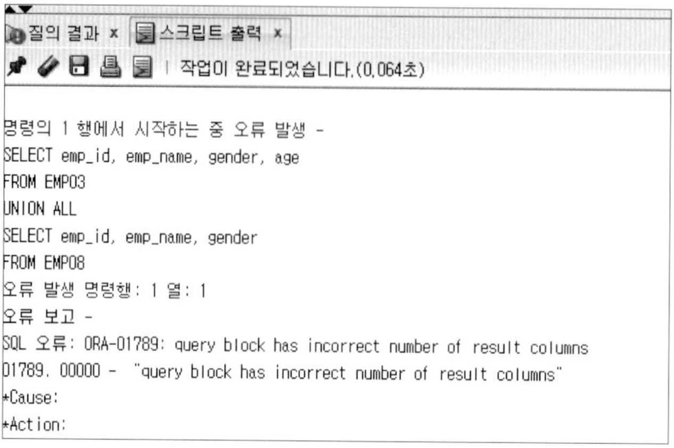

```
질의 결과 ×  스크립트 출력 ×
작업이 완료되었습니다.(0.064초)

명령의 1 행에서 시작하는 중 오류 발생 -
SELECT emp_id, emp_name, gender, age
FROM EMP03
UNION ALL
SELECT emp_id, emp_name, gender
FROM EMP08
오류 발생 명령행: 1 열: 1
오류 보고 -
SQL 오류: ORA-01789: query block has incorrect number of result columns
01789. 00000 -  "query block has incorrect number of result columns"
*Cause:
*Action:
```

오류 메시지를 보면 쿼리 블록의 결과 컬럼 수가 잘못됐다고 나옵니다. 컬럼 수 뿐만 아니라 데이터형이 다를 경우에도 오류가 발생합니다.

쿼리 8-5 컬럼 데이터형이 다른 경우

```
SELECT emp_id, emp_name, gender, age
  FROM emp03
 UNION ALL
SELECT emp_id2, emp_name2, gender, 'A'
  FROM emp08;
```

▼ 그림 8-3 쿼리 8-5를 실행한 결과

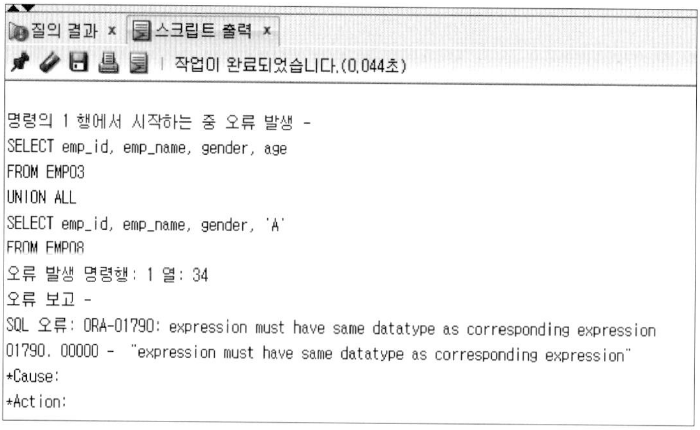

```
질의 결과 ×  스크립트 출력 ×
작업이 완료되었습니다.(0.044초)

명령의 1 행에서 시작하는 중 오류 발생 -
SELECT emp_id, emp_name, gender, age
FROM EMP03
UNION ALL
SELECT emp_id, emp_name, gender, 'A'
FROM EMP08
오류 발생 명령행: 1 열: 34
오류 보고 -
SQL 오류: ORA-01790: expression must have same datatype as corresponding expression
01790. 00000 -  "expression must have same datatype as corresponding expression"
*Cause:
*Action:
```

쿼리 8-5에서 첫 번째 SELECT 문장의 맨 마지막 컬럼은 age로 숫자형인데, 두 번째 문장에서는 'A'라는 문자형 데이터를 명시했기 때문에 데이터형이 다르다는 오류가 발생했습니다.

UNION ALL 연산자를 사용하면 서로 다른 테이블에 있는 데이터를 하나의 SELECT 문장으로 조회할 수 있습니다. 이 장에서는 모든 예를 2개의 SELECT 문장으로 한정했지만, 컬럼 수와 데이터형이 일치한다면 2개뿐만 아니라 그 이상의 문장을 연결해 사용할 수 있습니다.

집합 연산자를 사용할 때 데이터 정렬은 일반 SELECT 문과 동일하게 ORDER BY 절을 사용합니다. 그런데 이는 문장 맨 끝에만 쓸 수 있습니다. 즉, UNION ALL로 연결된 문장이 2개일 경우 첫 번째 문장에서는 사용할 수 없고 두 번째 문장 끝에서 사용할 수 있죠. 이때 주의할 점은 ORDER BY 절에 컬럼 명을 기술할 때는 첫 번째 문장에서 사용한 컬럼 명을 사용해야 한다는 점입니다. 이전에 얘기했듯이 집합 연산자를 사용한 쿼리의 최종 조회 결과는 첫 번째 SELECT 문의 컬럼 명을 기준으로 조회되므로 당연한 얘기라고 할 수 있죠.

쿼리 8-6 집합 연산자를 사용한 쿼리에서 데이터 정렬

```
SELECT emp_id, emp_name, gender, age
  FROM emp03
 UNION ALL
SELECT emp_id2, emp_name2, gender, age
  FROM emp08
 ORDER BY emp_id DESC;
```

▼ 그림 8-4 쿼리 8-6을 실행한 결과

EMP_ID	EMP_NAME	GENDER	AGE
5	신사임당	여성	45
4	장희빈	여성	35
4	신사임당	남성	45
3	강감찬	남성	55
3	김만덕	여성	43
2	김유신	남성	44
2	허난설헌	여성	33
1	홍길동	남성	33
1	선덕여왕	여성	23

물론 ORDER BY 1, 2, …처럼 컬럼 명 대신 숫자 형태로 SELECT 절에 작성한 컬럼 순서를 기술하는 방식을 사용할 수도 있습니다. 집합 쿼리에서는 숫자 형태가 더 편합니다.

8.2 UNION

SQL

UNION은 한 가지만 제외하면 UNION ALL과 동일합니다. 그 한 가지란 UNION의 경우 중복 데이터가 존재할 경우 그 데이터가 1건만 조회된다는 점이죠. 따라서 수학의 합집합 개념은 UNION ALL이 아닌 UNION이 맞습니다. 두 집합 연산자의 차이점을 확인해 볼까요?

먼저 UNION ALL을 사용해 보겠습니다.

쿼리 8-7 중복 데이터에 대한 UNION ALL 사용

```
SELECT emp_name
  FROM emp03
 UNION ALL
SELECT emp_name2
  FROM emp08
 ORDER BY 1;
```

▼ 그림 8-5 쿼리 8-7을 실행한 결과

EMP_NAME
강감찬
김만덕
김유신
선덕여왕
신사임당
신사임당
장희빈
허난설헌
홍길동

다음으로 UNION을 사용해 보겠습니다.

쿼리 8-8 중복 데이터에 대한 UNION 사용

```
SELECT emp_name
  FROM emp03
 UNION
SELECT emp_name2
  FROM emp08
 ORDER BY 1;
```

▼ 그림 8-6 쿼리 8-8을 실행한 결과

EMP_NAME
강감찬
김만덕
김유신
선덕여왕
신사임당
장희빈
허난설헌
홍길동

그림 8-5에서는 '신사임당'이 2번 나왔지만 UNION을 사용한 결과인 그림 8-6에는 '신사임당'이 1번만 조회되었습니다. emp03과 emp08 테이블의 사원 명 컬럼에 각각 '신사임당'이 들어가 있어 UNION을 사용해 SELECT 절에서 사원 명(emp_name)만 명시했을 때는 중복된 데이터가 제거된 것이죠. 두 테이블에 있는 '신사임당'은 사원 명과 나이는 같지만 다른 컬럼 값은 다릅니다. 따라서 SELECT 절에서 값이 다른 컬럼(emp_id나 gender 컬럼)을 명시할 경우 UNION을 사용하더라도 중복 데이터로 인지하지 않고 모두 조회됩니다.

쿼리 8-9 값이 다른 컬럼에 대한 UNION 사용

```
SELECT emp_name, gender, age
  FROM emp03
 UNION
SELECT emp_name2, gender, age
```

```
  FROM emp08
 ORDER BY 1;
```

❯ 그림 8-7 쿼리 8-9를 실행한 결과

EMP_N...	GENDER	AGE
강감찬	남성	55
김만덕	여성	43
김유신	남성	44
선덕여왕	여성	23
신사임당	남성	45
신사임당	여성	45
장희빈	여성	35
허난설헌	여성	33
홍길동	남성	33

이번에는 '신사임당' 데이터의 gender 컬럼 값이 달라 중복 데이터로 인지하지 않고 모두 조회되었습니다. 즉, 집합 연산자를 사용한 쿼리의 경우 개별 SELECT 문에서 반환한 컬럼 값 모두를 체크해 중복 여부를 확인합니다.

SQL

8.3 INTERSECT

INTERSECT 연산자는 두 집합의 공통 원소만 추출하는 교집합 역할을 합니다. 즉, 두 개의 쿼리 결과를 검사해 공통된 요소에 해당하는 결과를 가져오는 것이죠. UNION 연산자는 중복 데이터를 한 건만 조회하는 반면, INTERSECT 연산자는 오직 중복 데이터만 추출합니다.

쿼리 8-10 INTERSECT 연산자

```
SELECT emp_name
  FROM emp03
```

```
INTERSECT
SELECT emp_name2
  FROM emp08
 ORDER BY 1;
```

▼ 그림 8-8 쿼리 8-10을 실행한 결과

EMP_N...
신사임당

쿼리 8-10은 쿼리 8-8 문장에서 UNION 대신 INTERSECT를 사용한 것입니다. '신사임당' 데이터가 두 테이블에 모두 있으므로 교집합으로 인식해 조회된 것입니다. 만약 공통 요소가 없다면 아무것도 조회되지 않습니다.

쿼리 8-11 공통 요소가 없을 때 INTERSECT 사용

```
SELECT emp_name, gender, age
  FROM emp03
INTERSECT
SELECT emp_name2, gender, age
  FROM emp08
 ORDER BY 1;
```

▼ 그림 8-9 쿼리 8-11을 실행한 결과

EMP_N...	GENDER	AGE

'신사임당' 데이터는 이름과 나이는 같지만 성별, 즉 gender 컬럼 값이 다르므로 중복 데이터로 인지하지 않아 아무것도 조회되지 않았습니다. 공통 요소 혹은 중복 데이터를 판별하는 기준은 UNION, UNION ALL, INTERSECT, MINUS 모두 동일합니다.

8.4 MINUS

MINUS 연산자는 한 집합을 기준으로 다른 집합에 없는 요소만 추출하는 차집합 역할을 합니다. 첫 번째 쿼리 결과와 두 번째 쿼리 결과를 비교해 첫 번째 결과에만 있는 데이터만 조회하는 것이죠. emp03과 emp08 테이블에 적용해 본다면, 첫 번째 SELECT 문의 결과 집합에서 공통 요소에 해당하는 '신사임당' 데이터를 제외한 나머지 데이터만 조회될 겁니다. 첫 번째 결과 집합에서 두 번째 결과 집합을 뺀다고 생각하면 됩니다(마이너스).

쿼리 8-12 MINUS 연산자 예제1

```
SELECT emp_name
  FROM emp03
 MINUS
SELECT emp_name2
  FROM emp08
 ORDER BY 1;
```

▼ 그림 8-10 쿼리 8-12를 실행한 결과

EMP_NAME
강감찬
김유신
홍길동

emp03 테이블에는 데이터가 총 4건 있는데 이 중 '신사임당' 데이터는 emp08 테이블에도 있으므로 이를 제외한 나머지 데이터가 조회된 것입니다.

이번에는 순서를 바꿔 볼까요?

쿼리 8-13 MINUS 연산자 예제2

```
SELECT emp_name2
  FROM emp08
 MINUS
SELECT emp_name
  FROM emp03
 ORDER BY 1;
```

▼ 그림 8-11 쿼리 8-13을 실행한 결과

EMP_NAME2
김만덕
선덕여왕
장희빈
허난설헌

쿼리 8-13은 첫 번째 SELECT 문에서 emp03이 아닌 emp08 테이블을 조회했군요. 따라서 emp08 테이블에서 '신사임당' 데이터를 제외한 나머지 데이터가 조회되었습니다. MINUS 연산자의 경우 첫 번째 SELECT 문을 기준으로 연산을 수행하므로 순서가 중요하겠죠? 또한, 그림 8-11을 보면 컬럼 명이 emp_name이 아닌 emp_name2입니다. 집합 연산자는 무조건 첫 번째 SELECT 문의 컬럼 명으로 조회된다는 것을 다시 한번 확인할 수 있습니다.

지금까지 집합 연산자에 대해 알아봤습니다. 수학의 집합 개념과 비슷해 이해하기 어렵지 않으리라 생각합니다. UNION과 UNION ALL의 차이점, 첫 번째 SELECT 문을 기준으로 컬럼 명이 조회된다는 점, ORDER BY 절은 맨 끝에만 쓸 수 있다는 점, 중복 데이터 판단은 SELECT 절에 기술한 모든 컬럼 데이터를 기준으로 한다는 점만 유의하면 쉽게 사용할 수 있을 거예요.

9장

테이블 간 관계 맺기 – 조인

2장에서 RDBMS와 그 특징을 살펴봤습니다. RDBMS의 특징 중 하나가 테이블을 분리하여 데이터의 중복 저장을 피하고, 테이블 간 관계를 맺어 원하는 정보를 가져오는 것이라고 했습니다. 기억나지요? 이번 장에서는 조인이란 무엇인지 그리고 조인 방법에 대해 알아보도록 하죠.

9.1 조인이란?

SQL

테이블 간 관계는 어떻게 맺는 걸까요? 바로 조인이라는 방법을 통해서 맺습니다. 그렇다면 조인이란 구체적으로 어떻게 이루어지는 것일까요?

두 개의 테이블이 있다고 해 봅시다. 조인을 하기 위해서는 선행 조건이 필요합니다. 두 테이블 간에 관계를 맺는 데 사용할 컬럼, 즉 두 테이블 간 연결고리 역할을 할 컬럼이 있어야 합니다. 이 두 개의 연결고리 컬럼(두 테이블에 각각 하나씩)을 `WHERE` 절에서 각종 조건 연산자를 사용해 `SELECT` 문을 작성하는 방법으로 조인을 수행합니다. 가령 동등 연산자(=)를 사용할 경우 두 테이블에서 연결고리 컬럼 값이 같은 데이터를 조회합니다.

좀 더 구체적인 예를 들어 보도록 하죠. 다음 그림을 봅시다.

그림 9-1 조인 수행 방식

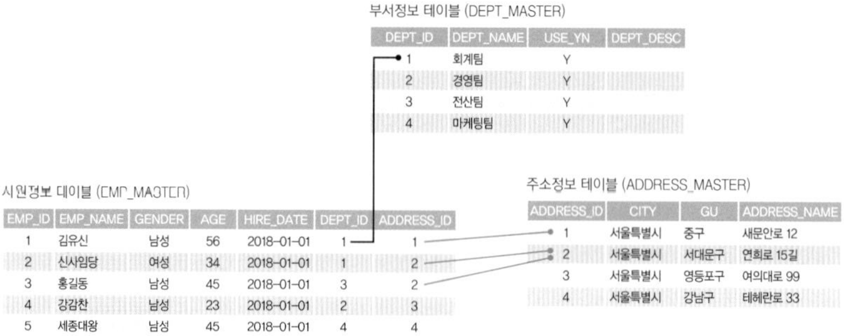

부서정보 테이블 (DEPT_MASTER)

DEPT_ID	DEPT_NAME	USE_YN	DEPT_DESC
1	회계팀	Y	
2	경영팀	Y	
3	전산팀	Y	
4	마케팅팀	Y	

사원정보 테이블 (EMP_MASTER)

EMP_ID	EMP_NAME	GENDER	AGE	HIRE_DATE	DEPT_ID	ADDRESS_ID
1	김유신	남성	56	2018-01-01	1	1
2	신사임당	여성	34	2018-01-01	1	2
3	홍길동	남성	45	2018-01-01	3	2
4	강감찬	남성	23	2018-01-01	2	3
5	세종대왕	남성	45	2018-01-01	4	4

주소정보 테이블 (ADDRESS_MASTER)

ADDRESS_ID	CITY	GU	ADDRESS_NAME
1	서울특별시	중구	새문안로 12
2	서울특별시	서대문구	연희로 15길
3	서울특별시	영등포구	여의대로 99
4	서울특별시	강남구	테헤란로 33

그림 9-1에는 사원정보 테이블(emp_master), 부서정보 테이블(dept_master), 주소정보 테이블(address_master) 이렇게 총 세 테이블이 나와 있습니다. 사원정보 테이블에는 dept_id란 컬럼이 있는데 이 컬럼은 해당 사원이 어느 부서에 속해 있는지를 나타냅니다. 그런데 dept_id 값이 1, 2, 3, 4로 숫자로만 되어 있어 사원정보 테이블만 보면 정확히 어느 부서에 속해 있는지 알 수 없습니다. 구체적인 부서정보는 부서정보 테이블에 있죠. 김유신의 경우 dept_id 값이 1인데, 부서정보 테이블에서 dept_id 값이 1인 부서는 회계팀이란 것을 알 수 있습니다. 따라서 이 두 테이블은 dept_id란 컬럼이 연결고리 역할을 해서 특정 사원의 부서정보를 가져올 수 있는 것입니다. 마찬가지로 주소를 가리키는 address_id 컬럼도 주소정보 테이블의 address_id와 연결해 주소정보를 가져올 수 있습니다.

일반적으로는 테이블 간 연결고리 컬럼의 이름과 데이터형은 두 테이블 모두 동일하게 만듭니다. 컬럼 이름을 다르게 사용하기도 하지만 데이터형은 같아야 합니다. 컬럼 이름이 같아야 '아, 이 컬럼으로 두 테이블을 조인하는구나!'라고 판단할 수 있겠죠?

먼저 조인 실습을 위해 테이블을 만들어 보도록 하죠.

쿼리 9-1 emp_master 테이블 생성

```
CREATE TABLE emp_master
(
  emp_id      NUMBER        NOT NULL, -- 사원번호
  emp_name    VARCHAR2(100) NOT NULL, -- 사원 명
  gender      VARCHAR2(10),           -- 성별
  age         NUMBER,                 -- 나이
  hire_date   DATE,                   -- 입사일자
  dept_id     NUMBER,                 -- 부서아이디
  address_id  NUMBER,                 -- 주소아이디
  CONSTRAINT emp_master_pk PRIMARY KEY (emp_id)
);

CREATE TABLE dept_master (
```

```
  dept_id     NUMBER NOT NULL,          -- 부서아이디
  dept_name   VARCHAR2(50),             -- 부서 명
  use_yn      VARCHAR2(2) DEFAULT 'Y', -- 사용여부
  dept_desc   VARCHAR2(100),            -- 부서설명
  CONSTRAINT dept_master_pk PRIMARY KEY (dept_id)
);

CREATE TABLE address_master (
  address_id    NUMBER NOT NULL,        -- 주소아이디
  city          VARCHAR2(100),          -- 도시 명
  gu            VARCHAR2(50),           -- 구 명
  address_name VARCHAR2(100),           -- 나머지 주소
  CONSTRAINT address_master_pk PRIMARY KEY (address_id)
);
```

쿼리 9-1에는 기존의 테이블 생성 구문에서 보지 못한 부분이 두 군데 있습니다. 첫째, '--'를 붙인 부분인데요. 이는 주석을 의미하며, 한 마디로 메모라고 생각하면 됩니다. 오라클 엔진이 주석을 만나면 '이 부분은 주석이군! 그냥 넘어가야지!'라고 해석하여 '--' 이후 내용을 무시하고 나머지 구문만 처리합니다. 참고로 '--'는 한 줄 주석이고, 여러 줄에 걸쳐 주석을 처리하려면 /*와 */로 감싸면 됩니다. 둘째, dept_master 테이블의 use_yn 컬럼 끝에 DEFAULT 'Y'라고 되어 있는데, DEFAULT란 기본 값이라는 의미입니다. 즉, use_yn 컬럼의 기본 값은 'Y'로 넣겠다는 것이지요. 따라서 INSERT 문장에서 use_yn 컬럼 값을 넣지 않으면 오라클이 자동으로 'Y' 값을 대신 넣어줍니다. 편리한 기능이죠?

테이블을 생성했으면 이제 데이터를 넣어 봅시다. 그림 9-1에 나온 대로 데이터를 입력해 보도록 하죠.

쿼리 9-2 데이터 입력

```
INSERT INTO emp_master ( emp_id, emp_name, gender, age, hire_date,
dept_id, address_id )
VALUES (1, '김유신', '남성', 56, TO_DATE('2018-01-01', 'YYYY-MM-DD'), 1,
1);
```

```
INSERT INTO emp_master ( emp_id, emp_name, gender, age, hire_date,
dept_id, address_id )
VALUES (2, '신사임당', '여성', 34, TO_DATE('2018-01-01', 'YYYY-MM-DD'),
1, 2);

INSERT INTO emp_master ( emp_id, emp_name, gender, age, hire_date,
dept_id, address_id )
VALUES (3, '홍길동', '남성', 45, TO_DATE('2018-01-01', 'YYYY-MM-DD'), 3,
2);

INSERT INTO emp_master ( emp_id, emp_name, gender, age, hire_date,
dept_id, address_id )
VALUES (4, '강감찬', '남성', 23, TO_DATE('2018-01-01', 'YYYY-MM-DD'), 2,
3);

INSERT INTO emp_master ( emp_id, emp_name, gender, age, hire_date,
dept_id, address_id )
VALUES (5, '세종대왕', '남성', 45, TO_DATE('2018-01-01', 'YYYY-MM-DD'),
4, 4);

INSERT INTO dept_master ( dept_id, dept_name )
VALUES (1, '회계팀');

INSERT INTO dept_master ( dept_id, dept_name )
VALUES (2, '경영팀');

INSERT INTO dept_master ( dept_id, dept_name )
VALUES (3, '전산팀');

INSERT INTO dept_master ( dept_id, dept_name )
VALUES (4, '마케팅팀');

INSERT INTO address_master ( address_id, city, gu, address_name )
VALUES (1, '서울특별시', '중구', '새문안로 12');

INSERT INTO address_master ( address_id, city, gu, address_name )
VALUES (2, '서울특별시', '서대문구', '연희로 15길');
```

```
INSERT INTO address_master ( address_id, city, gu, address_name )
VALUES (3, '서울특별시', '영등포구', '여의대로 99');

INSERT INTO address_master ( address_id, city, gu, address_name )
VALUES (4, '서울특별시', '강남구', '테헤란로 33');

COMMIT;
```

부서정보 테이블인 dept_master에 데이터를 넣는 INSERT 문에서는 dept_id, dept_name만 명시했지만, use_yn 컬럼에 DEFAULT 값이 들어가므로 자동으로 'Y' 값이 입력됩니다. 확인해 볼까요?

쿼리 9-3 DEFAULT 값 입력 확인

```
SELECT *
  FROM dept_master;
```

그림 9-2 쿼리 9-3을 실행한 결과

DEPT_ID	DEPT_NAME	USE_YN	DEPT_DESC
1	회계팀	Y	(null)
2	경영팀	Y	(null)
3	전산팀	Y	(null)
4	마케팅팀	Y	(null)

결과를 보면 자동으로 'Y' 값이 들어간 것을 알 수 있습니다. 그럼 다음 절부터 조인 방법과 실제 조인을 어떻게 사용하는지 자세히 알아보도록 하죠.

9.2 내부 조인

조인 중 가장 기본이 되는 조인이 내부 조인(inner join)입니다. 내부 조인은 WHERE 절에서 동등 연산자(=)를 사용해 연결고리 컬럼, 즉 조인 컬럼을 비교하는 조인입니다. 그럼 사원정보 테이블을 기준으로 부서정보를 조인하는 쿼리를 작성해 봅시다.

쿼리 9-4 부서정보 내부 조인

```
SELECT a.emp_id, a.emp_name, a.gender, a.age, a.dept_id,
       b.dept_id, b.dept_name, b.use_yn
  FROM emp_master a
      ,dept_master b
 WHERE a.dept_id = b.dept_id
 ORDER BY a.emp_id;
```

▼ 그림 9-3 쿼리 9-4를 실행한 결과

EMP_ID	EMP_NAME	GENDER	AGE	DEPT_ID	DEPT_ID_1	DEPT_NAME	USE_YN
1	김유신	남성	56	1	1	회계팀	Y
2	신사임당	여성	34	1	1	회계팀	Y
3	홍길동	남성	45	3	3	전산팀	Y
4	강감찬	남성	23	2	2	경영팀	Y
5	세종대왕	남성	45	4	4	마케팅팀	Y

쿼리 9-4를 자세히 살펴볼까요? 먼저 두 개의 테이블을 조인하므로 FROM 절에 각각 사원정보 테이블과 부서정보 테이블을 기술했습니다. 사원정보 테이블은 a, 부서정보 테이블은 b란 별칭을 두어 쿼리 구문에서 각 테이블의 컬럼 조회 시 a. 그리고 b. 형태로 사용했죠. WHERE 절에서는 두 테이블에 있는 공통 컬럼, 즉 조인 컬럼인 dept_id를 동등 연산자로 연결해 두 테이블에서 dept_id 값이 같은 건만 조회하도록 했습니다. 결과를 보면 dept_id 값이 1인 김유신의 경우 회계팀인 것을 알 수 있습니다.

특히 결과에서 눈여겨 볼 점은 dept_id와 dept_id_1 값입니다. dept_id는 a.dept_id, 즉 사원정보 테이블의 dept_id이며, dept_id_1은 부서정보 테이블의 dept_id 값입니다. SELECT 절에서 명칭이 동일한 컬럼을 나열할 경우, 오라클이 알아서 _1, _2를 붙여주는군요. 두 값이 같은 것을 보니 조인이 제대로 수행됐음을 알 수 있습니다.

내부 조인 쿼리는 동등 연산자를 사용하는 방법 외에 다른 형식으로 작성할 수도 있습니다. 바로 ANSI 조인이 그 주인공이죠. ANSI 조인은 ANSI를 따르는 구문으로 과거에는 오라클에서 지원하지 않았지만 표준을 따르는 대세에 맞춰 현재는 지원하고 있습니다. 쿼리 9-4를 ANSI 조인 문법으로 작성한 쿼리는 다음과 같습니다.

쿼리 9-5 ANSI 구문으로 작성한 내부 조인

```
SELECT a.emp_id, a.emp_name, a.gender, a.age, a.dept_id,
       b.dept_id, b.dept_name, b.use_yn
  FROM emp_master a
 INNER JOIN dept_master b
    ON a.dept_id = b.dept_id
 ORDER BY a.emp_id;
```

▼ 그림 9-4 쿼리 9-5를 실행한 결과

EMP_ID	EMP_NAME	GENDER	AGE	DEPT_ID	DEPT_ID_1	DEPT_NAME	USE_YN
1	김유신	남성	56	1	1	회계팀	Y
2	신사임당	여성	34	1	1	회계팀	Y
3	홍길동	남성	45	3	3	전산팀	Y
4	강감찬	남성	23	2	2	경영팀	Y
5	세종대왕	남성	45	4	4	마케팅팀	Y

기존 구문과 많이 다르죠? 기존 구문은 WHERE 절에서 동등 연산자를 사용했지만, ANSI 내부 조인은 INNER JOIN 다음에 조인할 테이블을 명시하고 조인 컬럼 조건을 ON 절에 기술했습니다. 따라서 WHERE 절은 필요 없어졌죠. 물론 추가 조건이 있다면 WHERE 절을 만들어 넣어야 합니다. 기존 쿼리에서 남성만 조회해 봅시다.

쿼리 9-6 내부 조인에서 남성만 조회

```
--기본 구문
SELECT a.emp_id, a.emp_name, a.gender, a.age, a.dept_id,
       b.dept_id, b.dept_name, b.use_yn
  FROM emp_master a
      ,dept_master b
 WHERE a.dept_id = b.dept_id
   AND a.gender = '남성'
 ORDER BY a.emp_id;

--ANSI 구문
SELECT a.emp_id, a.emp_name, a.gender, a.age, a.dept_id,
       b.dept_id, b.dept_name, b.use_yn
  FROM emp_master a
 INNER JOIN dept_master b
    ON a.dept_id = b.dept_id
 WHERE a.gender = '남성'
 ORDER BY a.emp_id;
```

▼ 그림 9-5 쿼리 9-6을 실행한 결과

	EMP_ID	EMP_NAME	GENDER	AGE	DEPT_ID	DEPT_ID_1	DEPT_NAME	USE_YN
	1	김유신	남성	56	1	1	회계팀	Y
	3	홍길동	남성	45	3	3	전산팀	Y
	4	강감찬	남성	23	2	2	경영팀	Y
	5	세종대왕	남성	45	4	4	마케팅팀	Y

쿼리 9-6에 나온 기본 구문과 ANSI 구문 모두 동일한 결과가 조회됩니다. 남성만 조회하기 위해 두 쿼리 모두 WHERE 절을 사용했는데요. 기본 구문에서는 이미 WHERE 절이 있기 때문에 AND 연산자를 추가했고, ANSI 구문에서는 WHERE 절을 새로 추가했습니다.

조인은 두 개의 테이블에 한정된 기능은 아닙니다. 조인 컬럼이 있다면 여러 테이블 간 조인이 가능합니다. 이번에는 주소정보 테이블까지 조인해 보도록 하죠.

쿼리 9-7 주소정보 테이블 조인

```
--기본 구문
SELECT a.emp_id, a.emp_name, a.gender, a.age,
       b.dept_id, b.dept_name, b.use_yn,
       c.address_id, c.city, c.gu, c.address_name
  FROM emp_master a
      ,dept_master b
      ,address_master c
 WHERE a.dept_id    = b.dept_id
   AND a.address_id = c.address_id
   AND a.gender     = '남성'
 ORDER BY a.emp_id;

--ANSI 구문
SELECT a.emp_id, a.emp_name, a.gender, a.age,
       b.dept_id, b.dept_name, b.use_yn,
       c.address_id, c.city, c.gu, c.address_name
  FROM emp_master a
 INNER JOIN dept_master b
    ON a.dept_id = b.dept_id
 INNER JOIN address_master c
    ON a.address_id = c.address_id
 WHERE a.gender = '남성'
 ORDER BY a.emp_id;
```

▼ 그림 9-6 쿼리 9-7을 실행한 결과

EMP_ID	EMP_NAME	GENDER	AGE	DEPT_ID	DEPT_NAME	USE_YN	ADDRESS_ID	CITY	GU	ADDRESS_NAME
1	김유신	남성	56	1	회계팀	Y	1	서울특별시	중구	새문안로 12
3	홍길동	남성	45	3	전산팀	Y	2	서울특별시	서대문구	연희로 15길
4	강감찬	남성	23	2	경영팀	Y	3	서울특별시	영등포구	여의대로 99
5	세종대왕	남성	45	4	마케팅팀	Y	4	서울특별시	강남구	테헤란로 33

주소정보 테이블을 조인하기 위해 기본 구문에서는 FROM 절에 추가로 테이블을 명시하고, WHERE 절에서 AND를 추가해 address_id 값을 동등 연산자로 연결했습니다. ANSI 구문에서는 INNER JOIN 구문을 추가해 주소정보 테이블을 명시하고, ON 절에서 address_id로 두 테이블을 연결했습니다. 두 쿼리 모두 결과는

같고, 추가로 주소정보가 조회된 것을 확인할 수 있습니다.

기본 구문을 사용할 것인지 ANSI 구문을 사용할 것인지는 사용자 선택 사항입니다. 앞에서 언급했던 대로 예전에는 오라클에서 ANSI 구문을 지원하지 않아 오라클을 오래 사용한 사람은 기본 구문에 더 익숙합니다. 다만 ANSI 구문은 표준이기 때문에 오라클이 아닌 다른 RDBMS를 사용할 경우 ANSI 구문을 사용하는 것이 나을 수 있습니다. 물론 내부 조인의 기본 구문도 다른 RDBMS에서 사용할 수 있습니다. 그런데 뒤이어 설명할 외부 조인은 각 RDBMS 별로 기본 구문에 차이가 있습니다.

9.3 외부 조인

명칭만 보면 외부 조인(outer join)은 내부 조인과 반대되는 개념으로 생각할 수 있는데, 꼭 그렇지는 않습니다. 내부 조인은 두 테이블에서 조인 컬럼 값이 같은 건을 조회하는데 반해, 외부 조인은 두 테이블 중 한 테이블의 조인 컬럼 값이 없더라도 없는 건까지 모두 포함해 조회하는 조인입니다. 먼저 외부 조인 실습을 위해 사원정보 테이블에 추가로 데이터를 넣어 보도록 하죠.

쿼리 9-8 사원정보 테이블 데이터 추가 INSERT 문

```
INSERT INTO emp_master ( emp_id, emp_name, gender, age, hire_date,
dept_id, address_id )
VALUES (6, '왕건', '남성', 35, TO_DATE('2018-01-01', 'YYYY-MM-DD'),
NULL, 4);

COMMIT;
```

이제 쿼리 9-4를 실행해 보세요. 실행하면 이전과 마찬가지로 그림 9-3과 동일한 결과가 나올 것입니다. 새로 입력한 '왕건'의 부서 아이디(dept_id) 값을 NULL로 넣었기 때문에 부서정보 테이블의 dept_id 값과 일치하지 않아 '왕건'은 조회되지 않습니다. 쿼리 9-4처럼 조인을 하되 '왕건' 데이터까지 포함해 조회하고자 한다면 외부 조인을 사용하면 됩니다. 외부 조인을 사용한 SELECT 문은 다음과 같습니다.

쿼리 9-9 오라클 기본 구문으로 작성한 외부 조인

```
SELECT a.emp_id, a.emp_name, a.gender, a.age, a.dept_id,
       b.dept_id, b.dept_name, b.use_yn
  FROM emp_master a
      ,dept_master b
 WHERE a.dept_id = b.dept_id (+)
 ORDER BY a.emp_id;
```

▼ 그림 9-7 쿼리 9-9를 실행한 결과

EMP_ID	EMP_NAME	GENDER	AGE	DEPT_ID	DEPT_ID_1	DEPT_NAME	USE_YN
1	김유신	남성	56	1	1	회계팀	Y
2	신사임당	여성	34	1	1	회계팀	Y
3	홍길동	남성	45	3	3	전산팀	Y
4	강감찬	남성	23	2	2	경영팀	Y
5	세종대왕	남성	45	4	4	마케팅팀	Y
6	왕건	남성	35	(null)	(null)	(null)	(null)

외부 조인을 사용하니 '왕건' 데이터도 조회됐군요. 다만 '왕건'의 dept_id 값이 NULL이므로 부서정보 테이블과 일치하는 건이 없어 SELECT 절에서 명시한 부서정보 테이블 컬럼 값은 모두 NULL로 조회되었습니다. 원하는 결과가 나왔으니 이제 외부 조인 구문을 살펴봅시다.

외부 조인은 내부 조인과 거의 흡사하지만 WHERE 절의 조인 컬럼에 (+)가 붙어 있습니다. 두 테이블이 조인 컬럼에서 데이터가 없는 테이블의 조인 컬럼에 (+) 기호를 붙입니다. 여기서 (+)는 데이터가 없으니 추가로 가져오라는 뜻입니다. 쿼리 9-9에서는 사원정보 테이블에서 '왕건'의 dept_id 값이 NULL이

고, 이 값과 일치하는 데이터가 부서정보 테이블에 없으니 부서정보 테이블의 dept_id 쪽에 (+)를 추가한 것입니다. 즉, 두 테이블에서 데이터를 모두 가져올 기준 테이블이 사원정보 테이블인 것입니다.

여기서 한 가지 짚고 넘어가야 하는 것이 있는데, 외부 조인에서 (+) 기호는 오라클에서만 사용할 수 있습니다. 다른 RDBMS는 다른 방식으로 구문을 작성해야 합니다. 하지만 ANSI 문법을 사용하면 오라클뿐만 아니라 다른 RDBMS에서도 같은 문법을 사용할 수 있습니다. 쿼리 9-9를 ANSI 문법으로 변경해 보죠.

쿼리 9-10 ANSI 구문으로 작성한 외부 조인

```
SELECT a.emp_id, a.emp_name, a.gender, a.age, a.dept_id,
       b.dept_id, b.dept_name, b.use_yn
  FROM emp_master a
  LEFT JOIN dept_master b
    ON a.dept_id = b.dept_id
 ORDER BY a.emp_id;
```

▼ 그림 9-8 쿼리 9-10을 실행한 결과

EMP_ID	EMP_NAME	GENDER	AGE	DEPT_ID	DEPT_ID_1	DEPT_NAME	USE_YN
1	김유신	남성	56	1	1	회계팀	Y
2	신사임당	여성	34	1	1	회계팀	Y
3	홍길동	남성	45	3	3	전산팀	Y
4	강감찬	남성	23	2	2	경영팀	Y
5	세종대왕	남성	45	4	4	마케팅팀	Y
6	왕건	남성	35	(null)	(null)	(null)	(null)

ANSI 문법의 경우 이전에 사용했던 INNER JOIN 대신 LEFT JOIN을 사용했습니다. 여기서 LEFT JOIN의 의미는 LEFT JOIN 구문의 왼쪽(이전) 테이블을 기준으로 삼고, LEFT JOIN 다음에 명시한 테이블에서 조인 컬럼 값이 일치하지 않는 데이터까지 가져오라는 의미입니다. 따라서 여기서는 사원정보 테이블(emp_master)이 기준 테이블이 되고, 부서정보 테이블(dept_master)에서 데이터를 가져오는 것이죠. 그리고 원래는 'LEFT OUTER JOIN'이라고 써야 하는데 'OUTER'

는 생략할 수 있습니다.

그렇다면 반대의 경우는 어떨까요? 즉, 부서정보 테이블이 기준 테이블이 되도록 하려면 어떻게 할까요? 먼저 추가로 부서정보 테이블에 데이터를 입력해 봅시다.

쿼리 9-11 부서정보 테이블에 데이터 추가 INSERT 문

```
INSERT INTO dept_master ( dept_id, dept_name )
VALUES (5, 'IT팀');

COMMIT;
```

부서정보 테이블에 새로 입력한 'IT팀'의 dept_id 값(5)을 가진 사원은 없습니다. 하지만 'IT팀'까지 모든 부서정보를 조회하고자 할 때는 다음과 같이 쿼리를 작성합니다.

쿼리 9-12 부서정보 테이블 기준 외부 조인

```
--오라클 기본 구문
SELECT a.emp_id, a.emp_name, a.gender, a.age, a.dept_id,
       b.dept_id, b.dept_name, b.use_yn
  FROM emp_master a
      ,dept_master b
 WHERE a.dept_id(+) = b.dept_id
 ORDER BY a.emp_id;

--ANSI 구문
SELECT a.emp_id, a.emp_name, a.gender, a.age, a.dept_id,
       b.dept_id, b.dept_name, b.use_yn
  FROM emp_master a
 RIGHT JOIN dept_master b
    ON a.dept_id = b.dept_id
 ORDER BY a.emp_id;
```

▼ 그림 9-9 쿼리 9-12를 실행한 결과

EMP_ID	EMP_NAME	GENDER	AGE	DEPT_ID	DEPT_ID_1	DEPT_NAME	USE_YN
1	김유신	남성	56	1	1	회계팀	Y
2	신사임당	여성	34	1	1	회계팀	Y
3	홍길동	남성	45	3	3	전산팀	Y
4	강감찬	남성	23	2	2	경영팀	Y
5	세종대왕	남성	45	4	4	마케팅팀	Y
(null)	(null)	(null)	(null)	(null)	5	IT팀	Y

이번에는 기준이 되는 테이블이 부서정보 테이블이므로 오라클 기본 구문에서는 사원정보 테이블 조인 컬럼 쪽에 (+)가 붙었습니다. ANSI 구문의 경우에는 LEFT 대신 RIGHT를 사용했죠. 즉, 오른쪽 테이블인 부서정보 테이블을 기준으로 삼는다는 의미입니다. 따라서 조회 결과를 보면 'IT팀' 데이터의 경우 사원정보 테이블의 컬럼 값은 모두 NULL로 나온 것을 알 수 있습니다.

그렇다면 두 테이블의 데이터를 모두 조회할 수는 없을까요? 즉, 그림 9-8과 그림 9-9의 결과를 합쳐 조회할 수는 없을까요? 결론부터 말하면 가능합니다. 하지만 오라클 기본 구문으로는 작성할 수 없고(WHERE 절에서 조인 컬럼 양쪽에 모두 (+) 기호를 붙이면 오류가 납니다) ANSI 문법을 사용해야 합니다. 이런 유형의 외부 조인을 FULL OUTER JOIN이라고 합니다. 즉, 조인에 참여하는 두 테이블의 값을 모두 조회하는 것이죠. 먼저 ANSI 문법을 사용한 쿼리를 살펴보도록 하죠.

쿼리 9-13 FULL OUTER JOIN

```
SELECT a.emp_id, a.emp_name, a.gender, a.age, a.dept_id,
       b.dept_id, b.dept_name, b.use_yn
  FROM emp_master a
  FULL OUTER JOIN dept_master b
    ON a.dept_id = b.dept_id
 ORDER BY a.emp_id;
```

▼ 그림 9-10 쿼리 9-13을 실행한 결과

EMP_ID	EMP_NAME	GENDER	AGE	DEPT_ID	DEPT_ID_1	DEPT_NAME	USE_YN
1	김유신	남성	56	1	1	회계팀	Y
2	신사임당	여성	34	1	1	회계팀	Y
3	홍길동	남성	45	3	3	전산팀	Y
4	강감찬	남성	23	2	2	경영팀	Y
5	세종대왕	남성	45	4	4	마케팅팀	Y
6	왕건	남성	35	(null)	(null)	(null)	(null)
(null)	(null)	(null)	(null)	(null)	5	IT팀	Y

LEFT나 RIGHT 대신 FULL OUTER 구문을 사용했습니다. 여기서도 'OUTER'는 생략할 수 있습니다. 예상했던 대로 두 테이블 데이터가 모두 조회되었습니다. 다만 '왕건' 데이터의 경우 부서정보 테이블 데이터가 모두 NULL이고, 'IT팀'의 경우에는 사원정보 테이블의 데이터가 모두 NULL입니다.

외부 조인은 종류가 세 가지나 되지만 실제로 작성해야 하는 경우는 그리 많지 않습니다. 주로 내부 조인을 사용하죠.

SQL

9.4 카티션 곱

카티션 곱(cartesian product)은 엄밀히 말하면 조인이라고 할 수 없는 조인으로, WHERE 절에 조인 조건을 주지 않는 것을 말합니다. 두 테이블을 기준으로 FROM 절에는 두 개의 테이블을 명시하지만 WHERE 절에서 조인 조건을 주지 않습니다(WHERE 절을 추가하지 않거나 WHERE 절을 추가해도 조인 조건을 주지 않는 경우). 그 결과 두 테이블의 데이터를 기준으로 가능한 모든 조합의 데이터가 조회됩니다.

쿼리 9-14 카티션 곱

```
SELECT a.emp_id, a.emp_name, a.gender, a.age, a.dept_id,
       b.dept_id, b.dept_name, b.use_yn
  FROM emp_master a
      ,dept_master b
 ORDER BY a.emp_id;
```

▼ 그림 9-11 쿼리 9-14를 실행한 결과

EMP_ID	EMP_NAME	GENDER	AGE	DEPT_ID	DEPT_ID_1	DEPT_NAME	USE_YN
1	김유신	남성	56	1	3	전산팀	Y
1	김유신	남성	56	1	5	IT팀	Y
1	김유신	남성	56	1	2	경영팀	Y
1	김유신	남성	56	1	4	마케팅팀	Y
1	김유신	남성	56	1	1	회계팀	Y
2	신사임당	여성	34	1	4	마케팅팀	Y
2	신사임당	여성	34	1	2	경영팀	Y
2	신사임당	여성	34	1	5	IT팀	Y
2	신사임당	여성	34	1	1	회계팀	Y
2	신사임당	여성	34	1	3	전산팀	Y
3	홍길동	남성	45	3	2	경영팀	Y
3	홍길동	남성	45	3	1	회계팀	Y
3	홍길동	남성	45	3	3	전산팀	Y
3	홍길동	남성	45	3	5	IT팀	Y
3	홍길동	남성	45	3	4	마케팅팀	Y
4	강감찬	남성	23	2	3	전산팀	Y
4	강감찬	남성	23	2	1	회계팀	Y
4	강감찬	남성	23	2	4	마케팅팀	Y
4	강감찬	남성	23	2	2	경영팀	Y
4	강감찬	남성	23	2	5	IT팀	Y
5	세종대왕	남성	45	4	3	전산팀	Y
5	세종대왕	남성	45	4	2	경영팀	Y
5	세종대왕	남성	45	4	5	IT팀	Y
5	세종대왕	남성	45	4	1	회계팀	Y
5	세종대왕	남성	45	4	4	마케팅팀	Y
6	왕건	남성	35	(null)	5	IT팀	Y
6	왕건	남성	35	(null)	4	마케팅팀	Y
6	왕건	남성	35	(null)	2	경영팀	Y
6	왕건	남성	35	(null)	3	전산팀	Y
6	왕건	남성	35	(null)	1	회계팀	Y

조회 결과가 예상보다 많은 30건이 조회되었습니다. 어떻게 이런 결과가 나온 걸까요? 사원정보 테이블의 총 로우 수는 6건이고 부서정보 테이블의 총 로우 수는 5개인데, 두 테이블을 조인하되 조인 조건을 주지 않았으므로 가능한 모든 조합에 대한 데이터가 조회된 것입니다. 즉, 6 * 5 = 30건이 조회된 것이죠. 카티션 곱은 조인의 범주에 들긴 하지만 실제로 사용하는 경우는 매우 드뭅니다. 사실 조인이란 것이 두 테이블에서 조인 컬럼을 사용해 데이터를 조회하는 것인데, 조인 컬럼 자체를 사용하지 않는 카티션 곱은 아주 특별한 경우를 제외하고 사용할 일이 없습니다. 하지만 카티션 곱의 결과는 흔히 볼 수 있을 거예요. SQL을 처음 접하는 사람의 흔한 실수 중 하나가 조인 조건을 빼고 조인하는 경우인데, 이때 결과가 바로 카티션 곱입니다. 만약 카티션 곱으로 수행된 결과를 보게 된다면 일단 쿼리에 조인 조건이 빠졌는지 찾아보세요.

지금까지 조인에 대해 살펴봤습니다. 이 장에서 알아본 내부 조인, 외부 조인 외에도 안티 조인, 세미 조인이 있는데, 이는 서브쿼리를 사용하는 조인이므로 다음 장에서 서브쿼리를 다루면서 설명하도록 하죠.

10장

서브쿼리

10.1 서브쿼리란?

10.2 스칼라 서브쿼리

10.3 인라인 뷰

10.4 중첩 서브쿼리

10.5 세미 조인과 안티 조인

10.1 서브쿼리란?

서브쿼리(subquery)란 말 그대로 보조, 하위 쿼리를 의미합니다. 지금까지 봐 온 쿼리는 단 하나의 SELECT 문장으로 이루어져 있었는데, 이를 주 쿼리 혹은 메인쿼리라고 합니다. 서브쿼리는 메인쿼리 안에 있는 또 다른 SELECT 문장을 말합니다. 따라서 서브쿼리를 구성하는 SELECT 문장은 항상 괄호로 둘러싸여 있습니다. 서브쿼리는 SELECT 절에 사용되어 특정 값을 반환할 수도 있고, FROM 절에 사용되어 마치 테이블처럼 사용할 수도 있습니다. 또한, WHERE 절에서 조건 값을 비교하는 데도 사용됩니다.

서브쿼리는 왜 사용하는 것일까요? 글쎄요. 용도가 너무 많아 단 한마디로 말하기 곤란하군요. 그만큼 서브쿼리는 유용한 기능이며 많이 사용됩니다. 구체적으로 서브쿼리의 종류를 살펴봄으로써 서브쿼리의 필요성과 역할에 대해 알아보는 것이 더 수월할 것 같군요.

서브쿼리의 종류는 어떻게 나눌까요? 메인쿼리와의 연관성, 즉 메인쿼리에서 사용된 테이블과 조인이 이루어지는지에 따라 연관성 있는 서브쿼리, 연관성 없는 서브쿼리로 나누기도 하는데, 그보다는 서브쿼리가 사용되는 위치에 따라 구분하는 것이 더 이해하기 쉬울 것 같군요. 따라서 이 책에서는 이 방법대로 구분하여 서브쿼리에 어떤 것이 있는지 하나씩 살펴보도록 하죠.

10.2 스칼라 서브쿼리

스칼라(scalar) 서브쿼리는 메인 쿼리의 SELECT 절에서 마치 컬럼이나 표현식처럼 사용됩니다. 따라서 스칼라 서브쿼리 내의 SELECT 절에서는 단 하나의 컬럼이나 표현식만 사용할 수 있습니다. 물론 컬럼이나 표현식들을 +나 || 연산자로 연결해 최종 반환값이 한 개라면 여러 개를 사용할 수도 있습니다. 또한, 서브쿼리 하나가 하나의 컬럼이나 표현식 역할을 하므로 두 개 이상의 값, 즉 반환하는 컬럼 수가 2 이상이면 안 되겠죠? 또한 반환되는 로우 수도 반드시 1개이어야 합니다.

그럼 스칼라 서브쿼리를 작성해 봅시다.

쿼리 10-1 스칼라 서브쿼리

```
SELECT a.emp_id
      ,a.emp_name
      ,a.gender
      ,a.age
      ,a.dept_id
      ,( SELECT b.dept_name
           FROM dept_master b
          WHERE a.dept_id = b.dept_id ) dept_name
FROM emp_master a;
```

▼ 그림 10-1 쿼리 10-1을 실행한 결과

EMP_ID	EMP_NAME	GENDER	AGE	DEPT_ID	DEPT_NAME
1	김유신	남성	56	1	회계팀
2	신사임당	여성	34	1	회계팀
3	홍길동	남성	45	3	전산팀
4	강감찬	남성	23	2	경영팀
5	세종대왕	남성	45	4	마케팅팀
6	왕건	남성	35	(null)	(null)

쿼리 10-1에서 컬러로 표시된 부분이 스칼라 서브쿼리입니다. 사원정보 테이블에는 dept_id만 있고 부서명(dept_name)이 없으므로 부서정보 테이블의 부서명을 가져오도록 스칼라 서브쿼리를 작성한 것이죠. dept_id 값이 같은 건을 가져오기 위해 서브쿼리 내에서 부서정보 테이블과 조인을 했습니다. 또한 '왕건' 데이터처럼 dept_id 값이 NULL이어서 서브쿼리가 반환하는 데이터가 하나도 없는 경우 서브쿼리는 NULL을 반환합니다.

다시 한번 강조하지만 스칼라 서브쿼리는 반드시 하나의 값만 반환해야 합니다. 서브쿼리 내의 SELECT 절에서 두 개 이상의 독립적인 컬럼이나 표현식을 사용한다거나 반환되는 데이터가 2건 이상일 경우 오류가 발생해 결과가 조회되지 않습니다. 이런 이유로 서브쿼리 내에서는 메인쿼리에서 사용된 테이블과 조인을 하는 경우가 많습니다. 물론 경우에 따라서 조인을 하지 않아도 서브쿼리가 단일 값을 반환한다면 조인할 필요가 없죠.

서브쿼리를 사용한 쿼리 10-1을 일반 조인 문장으로도 만들 수 있는데 이는 쿼리 10-2에 나와 있습니다.

쿼리 10-2 서브쿼리를 조인으로 변경

```
SELECT a.emp_id
      ,a.emp_name
      ,a.gender
      ,a.age
      ,a.dept_id
      ,b.dept_name
  FROM emp_master a
      ,dept_master b
 WHERE a.dept_id = b.dept_id(+);
```

▼ 그림 10-2 쿼리 10-2를 실행한 결과

EMP_ID	EMP_NAME	GENDER	AGE	DEPT_ID	DEPT_NAME
2	신사임당	여성	34	1	회계팀
1	김유신	남성	56	1	회계팀
4	강감찬	남성	23	2	경영팀
3	홍길동	남성	45	3	전산팀
5	세종대왕	남성	45	4	마케팅팀
6	왕건	남성	35	(null)	(null)

쿼리 10-1과 쿼리 10-2를 수행한 결과는 같습니다(혹시 '순서가 다르니까 결과가 달라'라고 생각했나요? 순서가 다르다고 해서 무조건 결과가 다른 건 아닙니다. 엑셀에 데이터를 넣고 순서를 다르게 했다고 다른 데이터가 되는 것은 아니니까요. 정렬이란 데이터를 좀 더 편하게 보기 위한 수단일 뿐입니다). 쿼리 10-2에서 사원정보 테이블에서 '왕건' 데이터의 dept_id 값이 NULL이어서 내부 조인이 아닌 외부 조인을 수행했습니다. 내부 조인을 하면 '왕건' 데이터는 조회되지 않겠죠.

10.3 인라인 뷰

인라인 뷰(inline view)는 메인 쿼리의 FROM 절에서 사용하는 서브쿼리를 말합니다. 즉, FROM 절에서 서브쿼리 자체가 하나의 테이블처럼 사용되는 것이죠. 따라서 인라인 뷰는 스칼라 서브쿼리와는 다르게 여러 개의 컬럼이나 표현식, 여러 개의 로우를 반환할 수 있습니다. 그럼 인라인 뷰를 한번 볼까요?

쿼리 10-3 인라인 뷰

```
SELECT a.dept_id
      ,a.dept_name
      ,k.emp_id
      ,k.emp_name
      ,k.address
  FROM dept_master a
      ,( SELECT b.emp_id
               ,b.emp_name
               ,c.city || c.gu || c.address_name AS address
               ,b.dept_id
           FROM emp_master b
```

```
             ,address_master c
          WHERE b.address_id = c.address_id
       ) k
WHERE a.use_yn = 'Y'
  AND a.dept_id = k.dept_id
ORDER BY 1, 3;
```

▼ 그림 10-3 쿼리 10-3을 실행한 결과

DEPT_ID	DEPT_NAME	EMP_ID	EMP_NAME	ADDRESS
1	회계팀	1	김유신	서울특별시중구새문안로 12
1	회계팀	2	신사임당	서울특별시서대문구연희로 15길
2	경영팀	4	강감찬	서울특별시영등포구여의대로 99
3	전산팀	3	홍길동	서울특별시서대문구연희로 15길
4	마케팅팀	5	세종대왕	서울특별시강남구테헤란로 33

지금까지 봐왔던 쿼리보다 약간 복잡하군요. 하지만 그리 어렵지는 않으니 차근차근 살펴보도록 하죠. 쿼리 10-3은 부서를 기준으로 각 부서에 속한 사원의 사원번호, 이름, 주소를 조회하는 쿼리입니다. 이 쿼리의 FROM 절에서 괄호로 묶인 컬러로 표시된 부분이 인라인 뷰입니다. 이것부터 먼저 살펴봅시다. 이 인라인 뷰는 사원정보와 주소정보 테이블을 address_id 컬럼을 통해 조인해 사원번호, 사원 명, 주소, 부서번호를 가져오고 있습니다. 이 인라인 뷰는 FROM 절에서 독립적인 하나의 테이블처럼 동작합니다.

이 인라인 뷰 서브쿼리 전체를 k란 별칭을 주어 k란 이름으로 참조할 수 있습니다. 즉, 메인쿼리의 SELECT 절에서 이 서브쿼리에서 반환되는 컬럼들 앞에 'k.'을 붙여 참조했죠. 그리고 가장 중요한 부분인 부서정보 테이블과 서브쿼리와의 조인은 dept_id 컬럼을 사용하고 있습니다. 특히 주의할 점은 서브쿼리 내의 dept_id(b.dept_id)는 WHERE 절에서 메인 쿼리와의 조인을 위해 필요한 컬럼이므로(WHERE a.dept_id = k.dept_id) 반드시 명시해야 합니다.

쿼리 10-3에서는 외부 조인이 아닌 내부 조인을 사용했기 때문에 부서정보 테이블 중 'IT팀'은 조회되지 않았습니다. 마찬가지로 사원정보 테이블에서 주소 값이 없는(사원정보 테이블의 address_id 값이 NULL인 건) '왕건' 데이터는 서브쿼리 자체에서 조회되지 않았기 때문에 최종 결과에 포함되지 않았습니다. 또한, 부서정보 테이블에서 유효한 부서(a.use_yn = 'Y')만 조회하도록 WHERE 절에 조건을 주었습니다. 물론 현재 모든 부서가 유효한 부서이므로 최종 결과에 별 영향을 끼치지는 않았죠.

약간 복잡하긴 하지만 이해하기 어려운 개념은 아닐 거예요. 만약 한 번에 이해가 안 되면 여러 번 다시 읽고 실습해 보세요. 서브쿼리 중에 제일 많이 사용하는 것이 FROM 절에서 사용하는 인라인 뷰이므로 쿼리 10-3의 구문과 실행 결과를 보면서 꼭 이해하고 넘어가도록 하세요.

10.4 중첩 서브쿼리

SQL

마지막으로 살펴볼 서브쿼리는 중첩(nested) 서브쿼리로 WHERE 절에서 사용하는 서브쿼리입니다. WHERE 절에서 사용한다는 것은 조건절의 일부로 사용된다는 뜻입니다. 즉, 메인쿼리 테이블의 특정 컬럼 값과 비교한 값을 반환하는 용도로 사용됩니다. 따라서 중첩 서브쿼리는 인라인 뷰처럼 여러 개의 컬럼, 여러 개의 로우를 반환할 수 있습니다. 실제 쿼리를 살펴보도록 하죠.

쿼리 10-4 단일 행을 반환하는 중첩 서브쿼리

```
SELECT *
  FROM dept_master a
 WHERE a.dept_id = ( SELECT b.dept_id
                       FROM emp_master b
                      WHERE b.emp_name = '세종대왕'
 );
```

▼ 그림 10-4 쿼리 10-4를 실행한 결과

DEPT_ID	DEPT_NAME	USE_YN	DEPT_DESC
4	마케팅팀	Y	(null)

쿼리 10-4의 서브쿼리를 보면 사원정보 테이블에서 사원 명이 '세종대왕'인 건의 dept_id 값을 반환해 부서정보 테이블의 dept_id 값과 같은 건을 조회하고 있습니다. WHERE 절에서 동등 연산자를 사용하고 있으므로 서브쿼리에서 반환하는 데이터는 반드시 1건 혹은 0건이어야 합니다. 0건인 경우에는 조회되는 데이터가 없겠죠. 만약 서브쿼리에서 여러 건의 데이터를 반환하려면 동등 연산자 대신 IN 연산자를 사용해야 합니다.

쿼리 10-5 다중 행을 반환하는 중첩 서브쿼리

```
SELECT *
  FROM dept_master a
 WHERE a.dept_id IN ( SELECT b.dept_id
                        FROM emp_master b
                       WHERE b.age BETWEEN 40 AND 49
                    );
```

▼ 그림 10-5 쿼리 10-5를 실행한 결과

DEPT_ID	DEPT_NAME	USE_YN	DEPT_DESC
3	전산팀	Y	(null)
4	마케팅팀	Y	(null)

쿼리 10-5의 서브쿼리는 사원정보 테이블에서 40대에 속하는 사원의 부서번호를 조회합니다. 그리고 부서정보 테이블에서 서브쿼리가 반환한 부서번호에 해당되는 부서만 조회하고 있습니다. 40대에 속하는 사원은 '홍길동'과 '세종대왕'이고 이들의 부서번호는 각각 3과 4이므로 최종 결과로 전산팀과 마케팅팀이 조회된 것입니다.

또 다른 유형의 중첩 서브쿼리를 살펴보죠.

쿼리 10-6 다중 컬럼, 다중 행을 반환하는 중첩 서브쿼리

```
SELECT *
  FROM emp_master a
 WHERE ( a.gender, a.age) IN ( SELECT b.gender, b.age
                                  FROM emp_master b
                                      ,address_master c
                                 WHERE b.address_id = c.address_id
                                   AND c.gu IN ('중구', '서대문구')
                              );
```

▼ 그림 10-6 쿼리 10-6을 실행한 결과

EMP_ID	EMP_NAME	GENDER	AGE	HIRE_DATE	DEPT_ID	ADDRESS_ID
1	김유신	남성	56	2018-01-01	1	1
2	신사임당	여성	34	2018-01-01	1	2
5	세종대왕	남성	45	2018-01-01	4	4
3	홍길동	남성	45	2018-01-01	3	2

쿼리 10-6은 서브쿼리에서 사원정보와 주소정보 테이블을 조인하여 주소가 '중구'와 '서대문구'에 속하는 사원의 성별과 나이를 반환합니다. 이 서브쿼리의 경우 반환 컬럼이 하나가 아닌 2개이고, 반환되는 로우 역시 한 개 이상입니다. 그리고 메인쿼리의 WHERE 조건절에서는 사원정보 테이블의 성별과 나이 컬럼 값이 서브쿼리에서 반환하는 성별과 나이가 같은 건을 조회하고 있습니다. 그래서 최종 결과로 4개의 로우가 조회되었습니다. 서브쿼리 부분만 떼어 별도로 실행해 보면 실제로 이 서브쿼리가 반환하는 결과는 3건을 반환하는데, 45세 남성이 2명이므로 총 4건이 조회된 것이죠. 이처럼 중첩 서브쿼리에서는 다중 행, 다중 컬럼을 반환할 수 있습니다.

지금까지 메인쿼리에서 사용되는 위치에 따른 서브쿼리 유형을 살펴봤는데요. 스칼라 서브쿼리, 인라인 뷰, 중첩 서브쿼리란 용어 자체보다는 실제로 서브쿼리를 적재적소에 올바른 방법으로 사용하는 것이 중요합니다. 책에 나온 예제 쿼리를 기반으로 조금씩 변경해 가면서 그 결과가 어떻게 변하는지 알아보고, 오류 발생 시 오류의 원인을 파악하고 수정하는 과정을 거쳐야 비로소 쿼리 작성에 능숙해질 것입니다.

10.5 세미 조인과 안티 조인

이전 장에서 조인에 대해 알아봤는데요. 내부 조인, 외부 조인 외에도 세미 조인과 안티 조인이란 것이 있다고 했습니다. 이 두 조인은 서브쿼리와 같이 사용하는 조인이므로 이번 장에서 설명하도록 하죠.

먼저 세미 조인은 이전 절에서 알아본 중첩 서브쿼리에서 사용한 조인 방법을 말합니다. 즉, 메인쿼리에서 사용된 테이블과 서브쿼리 결과를 조인하는 것입니다. 이미 이전 절에서 어떤 식으로 조인이 이루어졌는지 알아봤으니 세미 조인에 대해서는 설명할 내용이 별로 없군요. 여기서는 추가로 한 가지 방법만 더 소개하죠.

보통 세미 조인은 동등 연산자나 IN 연산자를 많이 사용하는데요. EXISTS 연산자를 사용하기도 합니다. 쿼리 구문을 살펴볼까요?

쿼리 10-7 EXISTS 연산자를 사용한 세미 조인

```
SELECT *
  FROM dept_master a
 WHERE EXISTS ( SELECT 1
                  FROM emp_master b
                 WHERE b.age BETWEEN 40 AND 49
                   AND a.dept_id = b.dept_id
              );
```

▼ 그림 10-7 쿼리 10-7을 실행한 결과

DEPT_ID	DEPT_NAME	USE_YN	DEPT_DESC
3	전산팀	Y	(null)
4	마케팅팀	Y	(null)

쿼리 10-7은 쿼리 10-5에서 사용한 IN 대신 EXISTS 연산자를 사용해 변환한 것으로, 두 쿼리 결과는 동일합니다. EXISTS 연산자는 메인쿼리의 테이블 데이터를 기준으로 서브쿼리에서 반환하는 데이터가 존재하면 참(TRUE)을 반환합니다. 특이한 점은 메인쿼리와 서브쿼리의 조인 조건절을 서브쿼리 내의 WHERE 절에서 기술한다는 점이죠. 또한, EXISTS 연산자는 비교하는 데이터가 존재하는지 여부만을 체크하고, 이 부분은 서브쿼리의 WHERE 절에서 처리하기 때문에 서브쿼리의 SELECT 절에는 굳이 컬럼을 명시하지 않고 아무 값이나 쓰면 됩니다. 여기서는 1을 명시했는데, 0이나 심지어 NULL을 기술해도 됩니다.

다음으로 안티 조인에 대해 알아보겠습니다. 안티 조인은 세미 조인과 형식은 같은데 NOT 연산자가 들어간다는 점이 다릅니다. NOT에 반대라는 의미가 있으므로 안티(anti) 조인이란 이름이 붙은 것입니다. 쿼리 10-5를 안티 조인으로 변경해 보죠.

쿼리 10-8 NOT 연산자를 사용한 안티 조인(쿼리 10-5를 안티 조인으로 변경)

```
SELECT *
  FROM dept_master a
 WHERE a.dept_id NOT IN ( SELECT b.dept_id
                            FROM emp_master b
                           WHERE b.age BETWEEN 40 AND 49
                       );
```

▼ 그림 10-8 쿼리 10-8을 실행한 결과

DEPT_ID	DEPT_NAME	USE_YN	DEPT_DESC
5	IT팀	Y	(null)
1	회계팀	Y	(null)
2	경영팀	Y	(null)

IN 대신 NOT IN을 사용했기 때문에 40대가 아닌 사원이 속한 부서가 조회됩니다. 이번에는 EXISTS 연산자를 사용한 쿼리 10-7을 안티 조인으로 변경해 보죠.

쿼리 10-9 NOT EXISTS를 사용한 안티 조인(쿼리 10-7을 안티 조인으로 변경)

```
SELECT *
  FROM dept_master a
 WHERE NOT EXISTS ( SELECT 1
                     FROM emp_master b
                    WHERE b.age BETWEEN 40 AND 49
                      AND a.dept_id = b.dept_id
                  );
```

▼ 그림 10-9 쿼리 10-9를 실행한 결과

DEPT_ID	DEPT_NAME	USE_YN	DEPT_DESC
5	IT팀	Y	(null)
1	회계팀	Y	(null)
2	경영팀	Y	(null)

EXISTS가 존재 여부를 체크한다면, NOT EXISTS는 그 반대로 존재하지 않는 건을 체크하므로 쿼리 10-9 역시 쿼리 10-8을 실행한 결과와 같습니다.

조인에서 외부 조인은 다른 조인 방법과 비교해 사용 방법과 그 결과가 다르기 때문에 반드시 숙지해야 합니다. 그러나 나머지 조인 방식은 내부 조인 형식을 취하고 있으므로 외부 조인만 주의해서 사용하면 조인은 그리 어렵지 않을 것이라 생각되는군요.

서브쿼리를 끝으로 지금까지 DML의 기본인 SELECT 문장에 대해 알아보았습니다. 가장 많이 사용하는 문장이라서 알아둬야 할 내용도 꽤 많았습니다. 지금까지 배운 내용을 여러 번 읽은 다음 예제 쿼리를 실행하고 결과를 확인해 보세요. 또한, 예제 쿼리를 조금씩 바꾸어 가며 결과가 어떻게 달라지는지 확인하고, 만약 오류가 발생했다면 오류 메시지를 주의 깊게 읽은 후 오류를 수정해 보세요. 이러한 과정을 통해 여러분의 SQL 실력이 향상될 것입니다. 다음 장에서는 4장에서 배웠던 INSERT, DELETE 문장과 SELECT 문장을 결합하는 방법을 살펴보고, 데이터를 수정하는 UPDATE 문에 대해 알아보도록 하겠습니다.

11 장

데이터 입력과 삭제 그리고 수정

이번 장에서는 DML 중 데이터를 각각 입력, 삭제, 수정하는 INSERT, DELETE, UPDATE 문장에 대해 알아보도록 하죠. INSERT와 DELETE 문장은 4장에서 다루었지만, 이번 장에서는 좀 더 다양한 형태로 사용할 수 있는 방법을 배워 보도록 하겠습니다.

11.1 데이터 입력 – INSERT 두 번째

SQL

테이블에 데이터를 신규로 입력하는 문장은 INSERT뿐입니다. 4장에서는 가장 기본적인 형태의 INSERT 문장의 구조를 살펴봤습니다. 어떤 형태인지 복습하면 다음과 같습니다.

INSERT 구문 1

```
INSERT INTO 테이블 명 ( column1, column2, column3, … )
VALUES ( 값1, 값2, … );
```

INSERT 구문 2

```
INSERT INTO 테이블 명
VALUES ( 값1, 값2, … );
```

INSERT 구문 3

```
INSERT INTO 테이블 명 ( column1, column2, … )
SELECT 문장…
```

이러한 형태로 한 번에 1개의 로우 데이터만 입력할 수 있었습니다. 만약 5개의 로우 데이터를 입력하려면 INSERT 문장이 5개 필요하죠.

하지만 SELECT 문과 결합하면 한 번에 여러 개의 로우 데이터를 입력할 수 있습니다. 기존에 배웠던 'INSERT INTO 테이블 명 (…) VALUES (…)' 형식에서 VALUES 부분을 SELECT 문장이 대체하는 형태죠. SELECT 문장은 경우에 따라서 1개 혹은 그 이상, 때로는 0개의 로우 데이터를 반환하므로 INSERT INTO 구문과 SELECT 문장을 연결하면 여러 개의 로우 데이터를 입력할 수 있는 것입니다.

실제 문장을 보며 알아보도록 하죠. 먼저 INSERT 실습을 위한 테이블을 만들어 봅시다. 4장에서 만들었던 subway_statistics 테이블과 동일한 구조로 subway_dml_test 테이블을 만들어 보겠습니다. 4장의 쿼리 4-11에 subway_statistics 테이블 생성 구문을 그대로 복사해 테이블 이름만 subway_dml_test로 변경해서 만들 수도 있지만, 좀 더 새로운 방법을 소개하겠습니다.

쿼리 11-1 CREATE TABLE … AS 구문을 사용한 subway_dml_test 테이블 생성

```
CREATE TABLE subway_dml_test AS
SELECT *
  FROM subway_statistics
 WHERE ROWNUM < 1;

ALTER TABLE subway_dml_test
ADD PRIMARY KEY ( seq_id ) ;
```

쿼리 11-1을 실행해 보세요. 다음 메시지와 함께 테이블이 만들어질 것입니다.

\ 실행 결과 /

```
Table SUBWAY_DML_TEST이(가) 생성되었습니다.

Table SUBWAY_DML_TEST이(가) 변경되었습니다.
```

쿼리 11-1은 'CREATE TABLE subway_dml_test' 다음에 AS를 붙이고 SELECT 문장을 결합한 형태인데요. 이렇게 하면 SELECT 절에서 조회된 결과 형태로 자동으로 테이블이 만들어짐과 동시에 데이터까지 복사됩니다. 하지만 여기서는

'WHERE ROWNUM < 1'이란 조건 때문에 데이터는 하나도 만들어지지 않습니다. ROWNUM이란 오라클에서만 사용할 수 있는 의사컬럼으로 SELECT 문장에서 반환되는 로우 수를 나타냅니다. 따라서 ROWNUM < 1이란 의미는 1건도 반환하지 말라는 것이죠. 만약 'ROWNUM < 2' 혹은 'ROWNUM = 1'로 바꿔 실행하면 1건의 데이터만 복사됩니다.

CREATE TABLE AS 구문으로 테이블을 생성하면 일일이 컬럼 정의를 명시하지 않아도 된다는 장점이 있습니다. 단점은 인덱스나 기본 키는 만들 수 없다는 점입니다. 따라서 ALTER TABLE 문장을 사용해 기본 키를 생성했습니다. 기본 키 혹은 컬럼을 추가하거나 컬럼 정의 내용을 변경, 컬럼을 삭제할 때도 ALTER TABLE 문장을 사용합니다. 쿼리 11-1에서 ALTER TABLE 문장을 실행하면 "Table SUBWAY_DML_TEST이(가) 변경되었습니다."라는 메시지가 나옵니다.

이제 subway_statistics 테이블에서 데이터를 읽어 subway_dml_test 테이블에 입력해 봅시다. subway_statistics 테이블에서 종합운동장역에 해당하는 데이터만 입력하도록 하죠. SELECT 문장에 대해서는 이전 장까지 충분히 학습했으므로 쉽게 작성할 수 있을 거라 믿습니다(참고로 INSERT, DELETE, UPDATE 문장은 SELECT 문장처럼 실행 후 결과가 나오는 것이 아니라 "XX개 행 이(가) 삽입되었습니다"나 "XX개 행 이(가) 삭제되었습니다" 형태의 메시지가 나오므로 이 장에서는 예제 쿼리에서 주석 형태로 결과를 표시하도록 하겠습니다).

쿼리 11-2 종합운동장역 데이터 입력

```
INSERT INTO subway_dml_test
SELECT *
  FROM subway_statistics
 WHERE station_name LIKE '종합운동장%';
-- 18개 행 이(가) 삽입되었습니다.

COMMIT;
-- 커밋 완료.
```

쿼리 11-2는 subway_statistics 테이블에서 지하철역명이 종합운동장인 데이터만 골라내 subway_dml_test 테이블에 삽입합니다. 두 테이블의 구조가 같으므로, 즉 컬럼 명과 데이터형, 순서가 모두 일치하므로 INSERT 구문에서 컬럼을 명시하지 않았고 SELECT 절에서도 *을 사용했습니다. 그리고 신규로 데이터를 입력했으니 반드시 COMMIT을 해야겠죠? 그럼 데이터가 제대로 들어갔는지 확인해 보죠.

쿼리 11-3 subway_dml_test 테이블 데이터 확인

```
SELECT *
  FROM subway_dml_test;
```

▼ 그림 11-1 쿼리 11-3을 실행한 결과

SEQ_ID	STATION_NAME	BOARDING_DATE	GUBUN	BOARDING_TIME	PASSENGER_NUMBER
163	종합운동장(218)	2017-04-01	승차	7	280
164	종합운동장(218)	2017-04-01	하차	7	1055
165	종합운동장(218)	2017-04-02	승차	7	146
166	종합운동장(218)	2017-04-02	하차	7	524
167	종합운동장(218)	2017-04-03	승차	7	1194
168	종합운동장(218)	2017-04-03	하차	7	1307
1591	종합운동장(218)	2017-04-01	승차	9	576
1592	종합운동장(218)	2017-04-01	하차	9	602
1593	종합운동장(218)	2017-04-02	승차	9	479
1594	종합운동장(218)	2017-04-02	하차	9	789
1595	종합운동장(218)	2017-04-03	승차	9	1091
1596	종합운동장(218)	2017-04-03	하차	9	813
877	종합운동장(218)	2017-04-01	승차	8	486
878	종합운동장(218)	2017-04-01	하차	8	590
879	종합운동장(218)	2017-04-02	승차	8	292
880	종합운동장(218)	2017-04-02	하차	8	487
881	종합운동장(218)	2017-04-03	승차	8	1652
882	종합운동장(218)	2017-04-03	하차	8	1569

데이터가 성공적으로 입력된 것을 확인할 수 있습니다. 내친 김에 나머지 데이터도 모두 입력해 보도록 하죠.

쿼리 11-4 subway_dml_test 테이블에 subway_statistics 전체 데이터 입력

```
INSERT INTO subway_dml_test
SELECT *
  FROM subway_statistics;
```

\ 실행 결과 /

```
명령의 1 행에서 시작하는 중 오류 발생 -
INSERT INTO SUBWAY_DML_TEST
SELECT *
FROM SUBWAY_STATISTICS
오류 보고 -
ORA-00001: unique constraint (ORAUSER.SYS_C007023) violated
```

오류가 발생했습니다. 'ORA-00001: unique constraint (ORAUSER.SYS_C007023) violated'라는 오류네요. 이 오류의 의미는 뭘까요?

앞에서 subway_dml_test 테이블 생성 후 seq_id 컬럼을 기본 키로 잡았고, 종합운동장역에 해당하는 데이터를 입력했습니다. 그런데 쿼리 11-4로 전체 데이터를 가져오면서 종합운동장역 데이터를 다시 입력하려다 보니 seq_id 값이 중복되어 오류가 난 것이죠. 쿼리 11-4가 전체 데이터를 가져온 이유는 subway_statistics 테이블을 조회하는 SELECT 문에 WHERE 절이 없기 때문입니다.

그리고 오류 메시지 중 'ORAUSER.SYS_C007023'이란 부분이 있는데, 'ORAUSER'는 현재 생성한 사용자 명이고 'SYS_C007023'은 subway_dml_test 테이블의 기본 키를 의미합니다. 이 책에서는 기본 키를 생성할 때 별도로 기본 키 이름을 부여하지 않았기에 오라클에서 자동으로 'SYS_C007023'이란 이름으로 기본 키를 생성한 것입니다. 기본 키 생성 시 명시적으로 이름을 부여할 수 있는데, 여기에서는 별도로 명시하지 않아 'SYS_C007023'이란 이름으로 기본 키가 생성됐군요. 사용하는 시스템에 따라 이 이름은 달라지기 때문에 여러분이 실습하는 환경에서는 다른 이름으로 나올 수 있습니다.

그럼 종합운동장역 데이터는 제외하고 나머지 데이터를 입력해 보죠. SELECT 문의 WHERE 절에서 처리하면 됩니다.

쿼리 11-5 종합운동장역을 제외한 데이터 입력

```
INSERT INTO subway_dml_test
SELECT *
  FROM subway_statistics
 WHERE station_name NOT LIKE '종합운동장%';
-- 2,124개 행 이(가) 삽입되었습니다.

COMMIT;
-- 커밋 완료.
```

LIKE 앞에 NOT을 붙여 종합운동장역이 아닌 데이터만 조회하도록 해서 데이터가 정상적으로 입력되었습니다. 특정 데이터를 걸러내는 형태가 아닌 기본 키와 충돌하지 않는 방법으로 데이터를 입력하는 방법도 소개하도록 하죠.

쿼리 11-6 기본 키와 충돌하지 않게 데이터 입력

```
INSERT INTO subway_dml_test
SELECT a.*
  FROM subway_statistics a
 WHERE NOT EXISTS ( SELECT 1
                      FROM subway_dml_test b
                     WHERE a.seq_id = b.seq_id );

-- 0개 행 이(가) 삽입되었습니다.
```

쿼리 11-6을 차근차근 살펴봅시다. 우선 subway_statistics 테이블에 a란 별칭을 주었습니다. 그리고 WHERE 절에서 NOT EXISTS와 중첩 서브쿼리를 이용해 subway_dml_test 테이블의 seq_id 값과 같은 건이 아닌, 즉 subway_dml_test 테이블에는 없는 seq_id 값만 읽어오도록 했습니다. 이런 식으로 쿼리를 작성하면 기본 키가 충돌할 염려가 없죠. 이전에 이미 모든 데이터를 입력했기 때문에 최종 결과는 0건이 입력되었다고 나오는군요.

INSERT 문을 설명하는 절인데 오히려 조인, 중첩쿼리에 대해 더 설명한 것 같네요. 사실 INSERT 구문은 입력할 테이블과 컬럼만 명시하면 됩니다. 보시다시피 어떤 데이터를 어떻게 입력할 것인지는 SELECT 문에서 결정합니다. 그래서 DML 중 SELECT 문장의 사용이 압도적으로 많으며 다른 문장에 비해 사용법이 복잡한 것입니다.

11.2 데이터 삭제 – DELETE 두 번째

SQL

DELETE 문은 INSERT 문과 다르게 SELECT 문장과 연결하는 형태는 없습니다. 테이블에서 데이터를 삭제하므로 SELECT 문장이 필요 없죠. 하지만 어떤 데이터를 삭제할 것인지 WHERE 절을 추가해 조건을 걸 수 있습니다. WHERE 절의 형태는 매우 다양하며, 경우에 따라 서브쿼리를 사용할 수 있으니 DELETE 문장에 SELECT 문이 들어가지 않는다고 말할 수는 없겠네요.

쿼리 11-7 종합운동장역 데이터 삭제

```
DELETE FROM subway_dml_test
WHERE station_name LIKE '종합운동장%';
-- 18개 행 이(가) 삭제되었습니다.

COMMIT;
-- 커밋 완료.
```

이 부분은 어렵지 않죠? subway_statistics 테이블에서 종합운동장역 데이터만 삭제했습니다. DELETE 문장에서 사용하는 WHERE 절의 형태는 지금까지 SELECT 문장에서 배웠던 WHERE 절과 동일합니다. 아마도 DML 문장에서 가장 간단한 형태가 DELETE 문이 아닐까 생각되는군요. 실제로도 그렇습니다.

11.3 데이터 수정 – UPDATE

지금까지 데이터를 입력, 삭제, 조회하는 방법을 살펴봤죠. 하나 더 남았습니다. 바로 데이터를 수정하는 것입니다. 데이터 수정은 UPDATE 문을 사용해 처리합니다. UPDATE 구문은 다음과 같습니다.

UPDATE 구문

```
UPDATE 테이블 명
    SET COLUMN1 = 값1
       ,COLUMN2 = 값2
       ...
WHERE 절;
```

INSERT나 DELETE 문장에 비해서는 좀 복잡해 보이지만 어려운 내용은 없습니다. UPDATE 다음에 수정할 테이블 명을 명시하고 SET 다음에 수정할 컬럼과 수정할 값을 '컬럼 = 값' 형태로 명시합니다. 여러 개의 컬럼 값을 수정하려면 콤마(,)로 구분해 계속 추가하면 됩니다. 여기서 '=' 기호는 WHERE 조건절에서 사용했던 동등 연산자가 아니라 '='를 기준으로 오른쪽 값을 왼쪽 컬럼 값에 할당하라는 의미입니다. 또한, 테이블에서 특정 데이터(로우)만 수정해야 할 경우에는 WHERE 절을 추가해 적절한 조건을 주면 되겠죠.

그럼 데이터를 변경해 보죠. subway_dml_test 테이블에서 삼성역 데이터 중, boarding_date와 passenger_number 컬럼 값을 변경해 볼 텐데, 일단 변경 전 값을 확인해 봅시다.

쿼리 11-8 변경 전 삼성역 데이터

```
SELECT *
  FROM subway_dml_test
 WHERE station_name LIKE '삼성%'
 ORDER BY seq_id;
```

그림 11-2 쿼리 11-8을 실행한 결과

SEQ_ID	STATION_NAME	BOARDING_DATE	GUBUN	BOARDING_TIME	PASSENGER_NUMBER
169	삼성(219)	2017-04-01	승차	7	374
170	삼성(219)	2017-04-01	하차	7	1505
171	삼성(219)	2017-04-02	승차	7	275
172	삼성(219)	2017-04-02	하차	7	693
173	삼성(219)	2017-04-03	승차	7	1082
174	삼성(219)	2017-04-03	하차	7	5999
883	삼성(219)	2017-04-01	승차	8	512
884	삼성(219)	2017-04-01	하차	8	2224
885	삼성(219)	2017-04-02	승차	8	298
886	삼성(219)	2017-04-02	하차	8	1556
887	삼성(219)	2017-04-03	승차	8	1242
888	삼성(219)	2017-04-03	하차	8	15700
1597	삼성(219)	2017-04-01	승차	9	662
1598	삼성(219)	2017-04-01	하차	9	3797
1599	삼성(219)	2017-04-02	승차	9	499
1600	삼성(219)	2017-04-02	하차	9	2789
1601	삼성(219)	2017-04-03	승차	9	1102
1602	삼성(219)	2017-04-03	하차	9	10186

이제 UPDATE 문을 작성해 봅시다. passenger_number는 기존 값(승객 수)에 10을 더하고, boarding_date는 기존 일자에 한 달을 더한 값으로 데이터를 갱신해 보겠습니다.

쿼리 11-9 UPDATE 문

```
UPDATE subway_dml_test
   SET passenger_number = passenger_number + 10
      ,boarding_date    = ADD_MONTHS(boarding_date, 1)
 WHERE station_name LIKE '삼성%';
-- 18개 행 이(가) 업데이트되었습니다.

COMMIT;
-- 커밋 완료.
```

쿼리 11-9는 삼성역 데이터 중 승객 수(passenger_number)와 탑승일자(boading_date) 컬럼의 데이터를 수정하는 UPDATE 문입니다. 먼저 승객 수의 경우 'passenger_number = passenger_number + 10'의 의미는 원래 승객 수에 10

을 더한 값으로 수정하라는 의미죠. 원래 승객 수가 5인 상태에서 이 문장을 실행하면 15로 값이 수정됩니다. 탑승일자도 ADD_MONTHS 함수를 사용해 원래 일자에 1개월을 더한 값으로 수정되므로, 원래 일자에서 한 달 후 일자로 변경됩니다. 확인해 보죠.

쿼리 11-10 변경 후 삼성역 데이터

```
SELECT *
  FROM subway_dml_test
 WHERE station_name LIKE '삼성%'
 ORDER BY seq_id;
```

▼ 그림 11-3 쿼리 11-10을 실행한 결과

SEQ_ID	STATION_NAME	BOARDING_DATE	GUBUN	BOARDING_TIME	PASSENGER_NUMBER
169	삼성(219)	2017-05-01	승차	7	384
170	삼성(219)	2017-05-01	하차	7	1515
171	삼성(219)	2017-05-02	승차	7	285
172	삼성(219)	2017-05-02	하차	7	703
173	삼성(219)	2017-05-03	승차	7	1092
174	삼성(219)	2017-05-03	하차	7	6009
883	삼성(219)	2017-05-01	승차	8	522
884	삼성(219)	2017-05-01	하차	8	2234
885	삼성(219)	2017-05-02	승차	8	308
886	삼성(219)	2017-05-02	하차	8	1566
887	삼성(219)	2017-05-03	승차	8	1252
888	삼성(219)	2017-05-03	하차	8	15710
1597	삼성(219)	2017-05-01	승차	9	672
1598	삼성(219)	2017-05-01	하차	9	3807
1599	삼성(219)	2017-05-02	승차	9	509
1600	삼성(219)	2017-05-02	하차	9	2799
1601	삼성(219)	2017-05-03	승차	9	1112
1602	삼성(219)	2017-05-03	하차	9	10196

그림 11-2와 그림 11-3을 비교해 보면 탑승일자는 2017년 4월에서 5월로 변했고, 승객 수도 10씩 더해진 것을 알 수 있습니다.

UPDATE 문 역시 INSERT나 DELETE 문과 마찬가지로 문장의 기본 구조는 복잡하지 않지만, 어떤 데이터를 수정할 것인지 결정하는 WHERE 조건절의 사용법에 따라 다양한 형태를 만들 수 있습니다. 따라서 지금까지 배운 조인, 서브쿼리,

각종 함수의 사용법을 숙지하여 자유롭게 활용할 줄 아는 것이 중요하죠. 이를 위해서는 기본 구문과 그 원리를 이해하고 실습을 많이 해 보는 것이 최선입니다.

지금까지 11장에 걸쳐 RDBMS와 SQL에 대해 간략히 설명했습니다. "간략히라고요?"라고 질문할 수도 있겠네요. 물론 처음 접한다면 새로운 내용을 배우기 때문에 어렵게 느껴질 수도 있겠지만 조금만 숙달되면 SQL이 처리할 수 있는 일에 대해 놀라게 될 것입니다.

이론 학습은 여기까지입니다. 마지막으로 지금까지 배운 내용을 복습할 수 있는 간단한 실습을 다음 장에 담았습니다. 끝까지 최선을 다합시다!

12장

SQL 실습

이번 장에서는 지금까지 배운 내용을 토대로 SQL 실습을 해 보겠습니다. 내용을 전개하면서 그에 맞는 SQL 문장도 수록하겠지만, 일단은 여러분 스스로 SQL 문장을 만든 다음 책에 나온 내용과 비교해 보세요. 다시 한번 강조하지만, 쿼리를 작성하고 실행해 결과를 확인하고 오류를 잡아내는 과정을 통해서 SQL 활용 능력이 향상됩니다. 자, 그럼 시작해 볼까요?

12.1 나눔로또 분석

SQL

첫 번째 주제를 무엇으로 잡을까 고민하다가 모두가 한 번쯤은 대박을 꿈꾸며 구매했을 로또로 주제를 정했습니다. 이번 절에서는 로또 1회부터 827회까지 1등 당첨번호, 1~5등까지 당첨자 수와 당첨금액 데이터를 테이블에 넣고 여러 가지 정보를 가져오려 합니다.

필요한 데이터는 나눔로또 홈페이지에서 엑셀 형태로 내려받았고, 다음과 같이 두 테이블에 데이터를 넣도록 하죠. 먼저 테이블을 만들어 봅시다.

쿼리 12-1 lotto_master 테이블 생성

```
CREATE TABLE lotto_master (
  seq_no       NUMBER NOT NULL, -- 로또회차
  draw_date    DATE,            -- 추첨일
  num1         NUMBER,          -- 당첨번호1
  num2         NUMBER,          -- 당첨번호2
  num3         NUMBER,          -- 당첨번호3
  num4         NUMBER,          -- 당첨번호4
  num5         NUMBER,          -- 당첨번호5
  num6         NUMBER,          -- 당첨번호6
  bonus        NUMBER           -- 보너스번호
 );
```

```
ALTER TABLE lotto_master
ADD CONSTRAINTS lotto_master_pk PRIMARY KEY (seq_no);
```

Note SQL Developer의 워크시트 창에서 아래 그림처럼 오류가 표시될 수 있으나, 이 책에 나온 SQL 문장은 오류가 없습니다. SQL 문장에 오류가 있을 경우에는 실행 시 ORA-xxxxx 형태의 메시지가 표시되고 실행이 중단되니 참고하시기 바랍니다.

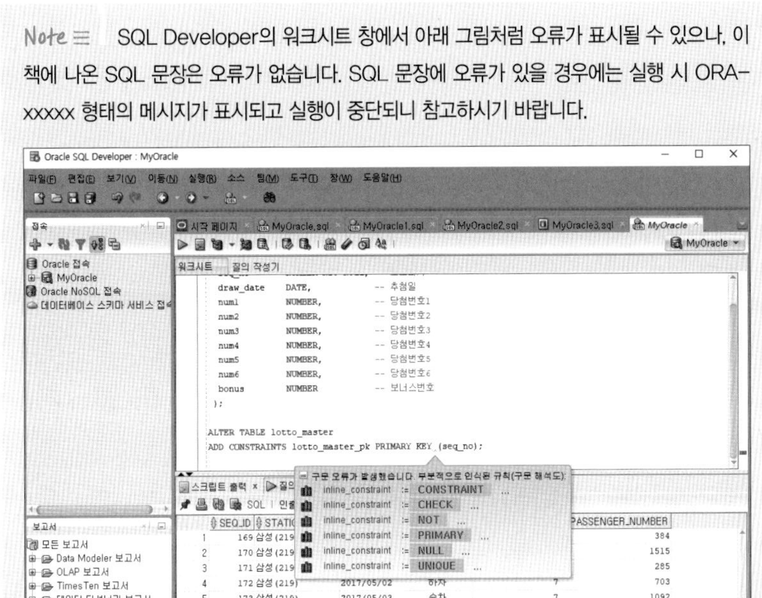

lotto_master 테이블에는 회차, 추첨일, 당첨번호 6개와 보너스번호 컬럼이 있고, 회차인 seq_no 컬럼이 기본 키가 됩니다.

쿼리 12-2 lotto_detail 테이블 생성

```
CREATE TABLE lotto_detail (
    seq_no         NUMBER NOT NULL,  -- 로또회차
    rank_no        NUMBER NOT NULL,  -- 등수
    win_person_no  NUMBER,           -- 당첨자 수
    win_money      NUMBER            -- 1인당 당첨금액
 );

ALTER TABLE lotto_detail
ADD CONSTRAINTS lotto_detail_pk PRIMARY KEY (seq_no, rank_no);
```

lotto_detail 테이블에는 회차, 등수, 당첨자 수, 1인당 당첨금액 정보를 저장합니다. 이 테이블의 경우에는 등수가 있기 때문에 각각 회차와 등수인 seq_no와 rank_no 컬럼이 기본 키가 됩니다.

두 테이블을 생성했으니 데이터를 넣어야겠죠. 데이터를 넣는 INSERT 구문은 lotto_data_insert.sql 파일을 내려받아 실행하세요. lotto_master 테이블에는 827건, lotto_detail 테이블에는 4,135건의 데이터가 입력될 것입니다.

데이터 입력까지 마쳤다면 이제 본격적으로 의미 있는 데이터를 추출해 보도록 하죠.

12.1.1 중복 번호 조회

사람들이 로또에서 가장 궁금해 하는 점은 지금까지의 당첨번호 중 중복된 번호가 있는지입니다. 그럼 직접 알아볼까요?

lotto_master 테이블에는 회차, 추첨일, 6개 번호와 보너스번호 컬럼이 있습니다. 이 6개 번호가 중복된 건이 있는지 조회해 보면 결과를 알 수 있겠죠. 중복된 건을 조회하는 방법은 여러 가지인데, 가장 간편하고 일반적인 방법은 GROUP BY 절을 사용해 6개 번호의 건수를 세고(COUNT) 이 건수가 1보다 큰 건이 있는지 조회하는 방법입니다. 쿼리를 작성해 볼까요?

쿼리 12-3 중복된 로또 번호 존재 여부 조회 1

```
SELECT num1, num2, num3, num4, num5, num6, COUNT(*)
  FROM lotto_master
 GROUP BY num1, num2, num3, num4, num5, num6;
```

▼ 그림 12-1 쿼리 12-3을 실행한 결과(조회 결과 일부만 발췌)

NUM1	NUM2	NUM3	NUM4	NUM5	NUM6	COUNT(*)
16	17	22	31	34	37	1
5	12	14	32	34	42	1
2	8	15	22	25	41	1
8	13	14	30	38	39	1
14	18	20	23	28	36	1
7	8	11	16	41	44	1
13	14	26	33	40	43	1
11	13	25	26	29	33	1
8	17	18	24	39	45	1
2	9	24	41	43	45	1
5	6	9	11	15	37	1
17	23	27	35	38	43	1
6	7	12	28	38	40	1
1	8	10	13	28	42	1
15	27	33	35	43	45	1
7	15	20	25	33	43	1

1보다 큰 건이 없으니 중복된 번호는 없어 보이는군요. 하지만 이를 확인하려면 스크롤바를 내리며 조회 결과를 일일이 확인해야 합니다. 더 좋은 방법은 없을까요? 당연히 있습니다. COUNT(*)로 반환된 건수가 1보다 큰 건이 있는지 조회해 보면 됩니다. GROUP BY 절 사용 시 집계 함수에 대한 조건은 WHERE 절이 아닌 HAVING 절을 사용해야 한다는 점, 잊지 않았죠?

쿼리 12-4 중복된 로또 번호 존재 여부 조회 2

```
SELECT num1, num2, num3, num4, num5, num6, COUNT(*)
  FROM lotto_master
 GROUP BY num1, num2, num3, num4, num5, num6
 HAVING COUNT(*) > 1;
```

▼ 그림 12-2 쿼리 12-4를 실행한 결과

NUM1	NUM2	NUM3	NUM4	NUM5	NUM6	COUNT(*)

HAVING 절을 사용해 COUNT(*) 수가 1보다 큰 건을 조회하니 조회된 데이터가 없군요. 이로써 827회까지 중복된 당첨번호는 없음을 알 수 있습니다.

12.1.2 가장 많이 당첨된 당첨번호 조회

이번에는 보너스번호를 제외하고 가장 많이 당첨된 당첨번호를 조회해 봅시다. lotto_master 테이블에는 당첨번호 6개가 각각 num1, num2, …, num6 컬럼에 들어가 있습니다. 이 6개의 컬럼에 국한되지 않고 당첨번호 전체를 통틀어 가장 많이 당첨된 번호를 조회해야 합니다. 간단히 구할 수 있을 것 같지만 생각보다 그리 간단하지 않습니다. 먼저 num1 컬럼을 기준으로 가장 많이 당첨된 번호를 조회해 봅시다. 어떻게 하면 될까요? num1 값을 기준으로 GROUP BY 절을 사용해 COUNT(*) 값이 가장 큰 건을 가져오면 됩니다.

쿼리 12-5 num1 컬럼 값의 당첨 건수 조회

```
SELECT NUM1 lotto_num, COUNT(*) CNT
  FROM lotto_master
 GROUP BY NUM1
 ORDER BY 2 DESC;
```

▼ 그림 12-3 쿼리 12-5를 실행한 결과(조회 결과 일부만 발췌)

LOTTO_...	CNT
1	119
2	90
3	79
4	76
5	71
6	64
7	51
8	41
10	34
11	31
12	28
9	25
14	23
13	21

COUNT(*) 값을 기준으로 내림차순 정렬(ORDER BY 2 DESC)을 하니 1번이 가장 많이 당첨된 것을 알 수 있습니다. 하지만 이는 num1 컬럼에 대해서만 집계한 것이고 나머지 num2~num6 컬럼에도 같은 로직을 적용해야 합니다. 따라서 쿼리 12-5 형태로 나머지 컬럼도 조회하는 쿼리를 만들어 이를 UNION ALL로 연결해야 전체 번호에 대한 당첨 건수를 알 수 있습니다. 그리고 이를 기반으로 다시 COUNT(*) 값으로 내림차순 정렬하면 가장 많은 당첨번호를 찾을 수 있겠죠.

쿼리 12-6 가장 많은 당첨번호 조회

```
SELECT lotto_num, SUM(cnt) AS cnt
  FROM ( SELECT num1 lotto_num, COUNT(*) cnt
           FROM lotto_master
          GROUP BY num1
          UNION ALL
         SELECT num2 lotto_num, COUNT(*) cnt
           FROM lotto_master
          GROUP BY num2
         UNION ALL
         SELECT num3 lotto_num, COUNT(*) cnt
           FROM lotto_master
          GROUP BY num3
         UNION ALL
         SELECT num4 lotto_num, COUNT(*) cnt
           FROM lotto_master
          GROUP BY num4
         UNION ALL
         SELECT num5 lotto_num, COUNT(*) cnt
           FROM lotto_master
          GROUP BY num5
         UNION ALL
         SELECT num6 lotto_num, COUNT(*) cnt
           FROM lotto_master
          GROUP BY num6
       )
 GROUP BY lotto_num
 ORDER BY 2 DESC;
```

▼ 그림 12-4 쿼리 12-6을 실행한 결과(조회 결과 일부만 발췌)

LOTTO_NUM	CNT
34	131
27	125
40	123
20	122
12	120
17	119
1	119
10	118
43	116
37	116
18	116
14	116
45	115
13	115
11	115
8	114
15	114
33	114
5	114
24	113
19	113
31	113

num1에서 num6까지 값을 기준으로 건수를 구하는 쿼리 6개를 UNION ALL로 연결했고, 이를 다시 서브쿼리로 묶어 메인쿼리의 SELECT 절에 lotto_num, cnt 컬럼을 조회했는데, lotto_num을 GROUP BY 절에 넣었고 SUM(cnt)로 집계했습니다. UNION ALL 연산자로 연결한 개별 쿼리에서 반환된 lotto_num 값이 중복될 수 있으니 GROUP BY 절에 추가했고 값을 합산해야 총 당첨 건수를 계산할 수 있습니다. 마지막으로 두 번째 값을 기준으로 내림차순으로 조회해 가장 많이 당첨된 번호 순서대로 정렬해 조회됩니다. 결과를 보니 1회부터 827회까지 34번이 131회로 가장 많이 당첨되었고, 27, 40, 20번이 그 뒤를 잇고 있군요. 단, 이 결과는 보너스번호를 제외한 결과입니다.

12.1.3 가장 많은 당첨금이 나온 회차와 번호, 금액 조회

이번에는 역대 최대 당첨금이 가장 많이 나온 회차와 당첨금액, 당첨번호를 알아봅시다. 여기서 최대 당첨금이란 1등 당첨금을 말합니다. 회차별 당첨 순위, 당첨자 수, 1인 당첨금은 lotto_detail 테이블에 있고 당첨금액은 win_money 컬럼에 있으니, 이 컬럼을 내림차순으로 조회하면 알 수 있겠죠. 그런데 당첨번호까지 알려면 당첨번호가 있는 lotto_master 테이블과 조인을 해야 합니다. 두 테이블은 회차(seq_no 컬럼)로 조인하면 됩니다.

쿼리 12-7 최대 당첨금과 당첨번호 조회

```
SELECT a.seq_no
      ,a.draw_date
      ,b.win_person_no
      ,b.win_money
      ,a.num1 ,a.num2 ,a.num3
      ,a.num4 ,a.num5 ,a.num6 ,a.bonus
  FROM lotto_master a
      ,lotto_detail b
 WHERE a.seq_no = b.seq_no
   AND b.rank_no = 1
 ORDER BY b.win_money DESC;
```

▼ 그림 12-5 쿼리 12-7을 실행한 결과(조회 결과 일부만 발췌)

SEQ_NO	DRAW_DATE	WIN_PERSON_NO	WIN_MONEY	NUM1	NUM2	NUM3	NUM4	NUM5	NUM6	BONUS
19	2003-04-12	1	40722959400	6	30	38	39	40	43	26
25	2003-05-24	2	24227745300	2	4	21	26	43	44	16
20	2003-04-19	1	19352212800	10	14	18	20	23	30	41
43	2003-09-27	1	17749630800	6	31	35	38	39	44	1
15	2003-03-15	1	17014245000	3	4	16	30	31	37	13
36	2003-08-09	1	16014475800	1	10	23	26	28	40	31
62	2004-02-07	1	15817286400	3	8	15	27	29	35	21
33	2003-07-19	1	14903517600	4	7	32	33	40	41	9
82	2004-06-26	1	14562494400	1	2	3	14	27	42	39
86	2004-07-24	1	14252186400	2	12	37	39	41	45	33
534	2013-02-23	1	14215763250	10	24	26	29	37	38	32
80	2004-06-12	1	13809540000	17	18	24	25	26	30	1
551	2013-06-22	1	13526973750	3	6	20	24	27	44	25
515	2012-10-13	1	13200466875	2	11	12	15	23	37	8
427	2011-02-05	1	12571445625	6	7	15	24	28	30	21
414	2010-11-06	1	11703832500	2	14	15	22	23	44	43

최대 당첨금은 1등을 의미하므로 lotto_detail 테이블의 rank_no 값이 1인 건을 조회했고 로또 번호까지 조회해야 하므로 lotto_master와 lotto_detail 테이블을 seq_no 컬럼으로 조인했습니다. 그리고 당첨금 컬럼인 win_money 컬럼을 내림차순으로 조회했습니다. 결과를 보면 2003년 4월 12일 19회차에 추첨한 400억 정도의 금액이 한 명한테 돌아갔군요. 정말 부럽네요! 참고로 쿼리 12-7의 정렬 순서를 오름차순으로 변경하면 최소 당첨금 정보도 알 수 있습니다.

12.2 교통사고 분석

SQL

이번에는 교통수단별 교통사고 건수와 사망자 수 데이터를 분석해 보도록 하죠. 1980년부터 2016년까지 자동차, 선박, 지하철, 철도, 항공기별 전체 사고 건수와 사망자 수 데이터를 들여다 보려고 합니다. 이 데이터는 국가교통DB(www.ktdb.go.kr)에서 내려받았습니다. 먼저 다음과 같이 데이터를 담을 테이블을 만들어 봅시다.

쿼리 12-8 traffic_accident 테이블 생성

```
CREATE TABLE traffic_accident (
    year              NUMBER        NOT NULL,   -- 연도
    trans_type        VARCHAR2(30)  NOT NULL,   -- 교통수단
    total_acct_num    NUMBER,                   -- 사고 건수
    death_person_num  NUMBER                    -- 사망자 수
);

ALTER TABLE traffic_accident
ADD CONSTRAINTS traffic_accident_pk PRIMARY KEY (year, trans_type);
```

traffic_accident 테이블은 연도, 교통수단, 사고 건수, 사망자 수, 총 네 컬럼으로 구성되어 있습니다. 테이블을 생성했으면 데이터를 넣어야겠지요? 데이터는 이 책의 다운로드 사이트에서 traffic_accident_insert.sql 파일을 내려받아 안에 있는 쿼리를 실행하세요. 데이터 입력 후에는 traffic_accident 테이블에 총 185건의 데이터가 들어간 것을 확인할 수 있을 겁니다.

12.2.1 연대, 교통수단별 총 사고 건수 조회

traffic_accident 테이블에는 1980~2016년까지 5개의 교통수단별 사고 건수와 사망자 수 데이터가 들어 있습니다. 10년 단위로 데이터를 집계해 보죠. 즉, 1980~1989는 1980년대, 1990~1999는 1990년대와 같이 데이터를 집계해 분석해 봅시다.

쿼리 12-9 연대, 교통수단별 사고, 사망 건수 조회

```
SELECT CASE WHEN year BETWEEN 1980 AND 1989 THEN '1980년대'
            WHEN year BETWEEN 1990 AND 1999 THEN '1990년대'
            WHEN year BETWEEN 2000 AND 2009 THEN '2000년대'
            WHEN year BETWEEN 2010 AND 2019 THEN '2010년대'
       END AS YEARS
      ,trans_type
      ,SUM(total_acct_num)   AS 사고건수
      ,SUM(death_person_num) AS 사망자수
FROM traffic_accident
WHERE 1=1
GROUP BY CASE WHEN year BETWEEN 1980 AND 1989 THEN '1980년대'
              WHEN year BETWEEN 1990 AND 1999 THEN '1990년대'
              WHEN year BETWEEN 2000 AND 2009 THEN '2000년대'
              WHEN year BETWEEN 2010 AND 2019 THEN '2010년대'
         END, trans_type
ORDER BY 1, 2;
```

▼ 그림 12-6 쿼리 12-9를 실행한 결과

YEARS	TRANS_TYPE	사고건수	사망자수
1980년대	선박	3965	1926
1980년대	자동차	1646167	78420
1980년대	지하철	208	79
1980년대	철도	18681	7394
1980년대	항공기	20	515
1990년대	선박	6605	2012
1990년대	자동차	2581517	110872
1990년대	지하철	311	182
1990년대	철도	13415	4485
1990년대	항공기	24	321
2000년대	선박	7780	1552
2000년대	자동차	2331063	69907
2000년대	지하철	732	642
2000년대	철도	5083	2392
2000년대	항공기	63	40
2010년대	선박	11840	1236
2010년대	자동차	1564103	34893
2010년대	지하철	17	9
2010년대	철도	1546	681
2010년대	항공기	77	59

쿼리 12-9는 우선 CASE 문을 사용해 연도를 10년 단위로 계산했습니다. 그리고 SUM 함수를 사용해 사고 건수(total_acct_num)와 사망자 수(death_person_num)의 합계를 각각 구했습니다. 10년 단위로 계산할 때 year 컬럼에 대해 BETWEEN 연산자를 사용했는데, BETWEEN ~ AND 대신 >=와 <= 연산자로 대체해 사용할 수도 있습니다. 10년 단위 연도와 교통수단별로 집계를 했으니 GROUP BY 절에도 이를 명시했죠. 주의할 점은 CASE 문의 별칭(CASE 문 끝의 AS YEARS 부분)은 GROUP BY 절에 명시하지 않고 SELECT 절의 CASE 문 본문에만 명시합니다. 다른 컬럼이나 표현식의 경우에도 별칭은 GROUP BY 절에 명시하지 않습니다. 오류가 나기 때문이죠. 별칭은 말 그대로 SELECT 시 보이는 컬럼에 대한 별칭입니다.

그림 12-6을 보니 데이터가 집계되긴 했는데, 한눈에 들어오지는 않네요. 분석을 위해서는 좀 다른 형태로 데이터를 봐야 할 것 같습니다.

12.2.2 연대별 추이 분석

이번에는 교통수단별로 사고 건수의 추이를 조회해 보도록 하죠. 그림 12-6의 결과는 연대가 로우 형태로 나왔는데, 연대를 컬럼 형태로 조회하면 교통수단에 따른 연대별 추이를 한눈에 볼 수 있습니다.

쿼리 12-10 교통수단별 사고 건수 연대별 추이

```
SELECT trans_type
      ,SUM(CASE WHEN year BETWEEN 1980 AND 1989 THEN total_acct_num
ELSE 0 END) "1980년대"
      ,SUM(CASE WHEN year BETWEEN 1990 AND 1999 THEN total_acct_num
ELSE 0 END) "1990년대"
      ,SUM(CASE WHEN year BETWEEN 2000 AND 2009 THEN total_acct_num
ELSE 0 END) "2000년대"
      ,SUM(CASE WHEN year BETWEEN 2010 AND 2019 THEN total_acct_num
ELSE 0 END) "2010년대"
FROM traffic_accident
WHERE 1=1
GROUP BY trans_type
ORDER BY trans_type;
```

▼ 그림 12-7 쿼리 12-10을 실행한 결과

TRANS_TYPE	1980년대	1990년대	2000년대	2010년대
선박	3965	6605	7780	11840
자동차	1646167	2581517	2331063	1564103
지하철	208	311	732	17
철도	18681	13415	5083	1546
항공기	20	24	63	77

훨씬 간단하고 보기 좋은 결과가 나왔습니다. 쿼리 12-10은 연대를 10년 단위로 분할하는 CASE에서 THEN 절에 연대가 아닌 사고 건수(total_acct_num)를 사용했습니다. 1980~2010년대를 컬럼 형태로 만들어야 하므로 총 4개의 CASE 표현식을 사용했고, 각 CASE 전체를 SUM 함수로 감싸서 총 사고 건수를 집계했습니다. CASE 표현식의 별칭을 " "로 감싼 이유는 별칭 역시 숫자로 시작할 수

는 없기 때문입니다(3.4절 참조).

그림 12-7을 보면 여러 정보를 알 수 있습니다. 일단 2000년대에 와서 사고가 점차 줄어드는 추세이고, 자동차의 경우 1990년대에 가장 사고가 많았군요. 1980년대 사고 건수가 1990년대보다 적은 이유는 상대적으로 1980년대가 1990년대보다 자동차 운행 수나 자동차 보유 수가 적었기 때문임을 유추할 수 있습니다. 항공기의 경우 사고가 늘어나는 추세인데, 항공기 사용이 늘어남에 따라 사고가 늘어난 것 같군요(선박 역시 마찬가지입니다). 이렇듯 어떤 식으로 쿼리를 작성하느냐에 따라 단순한 데이터에서 의미 있는 정보를 추출해 낼 수 있습니다. CASE 표현식에서 total_acct_num 대신 death_person_num 컬럼을 사용하면 사망자 수 추이도 볼 수 있습니다.

12.2.3 교통수단별 가장 많은 사망자 수가 발생한 연도 구하기

이번에는 교통수단별 사망자 수가 가장 많은 연도를 조회해 보죠.

쿼리 12-11 교통수단별 사망자 수 연도별 추이

```
SELECT a.*
 FROM traffic_accident a
     ,( SELECT trans_type
              ,MAX(death_person_num) death_per
          FROM traffic_accident
         GROUP BY trans_type
      ) B
WHERE a.trans_type       = b.trans_type
  AND a.death_person_num = b.death_per;
```

▼ 그림 12-8 쿼리 12-11을 실행한 결과

YEAR	TRANS_TYPE	TOTAL_ACCT_NUM	DEATH_PERSON_NUM
1991	자동차	265964	13429
1981	철도	1894	858
2003	지하철	103	256
1987	선박	533	477
1983	항공기	5	276

쿼리 12-11에서는 교통수단별 최대 사망자 수를 구하는 서브쿼리를 사용했습니다. 즉, 교통수단을 GROUP BY 절로 묶고 최대 사망자 수(death_person_num 컬럼)를 구하기 위해 MAX 함수를 사용했습니다. 최대 사망자가 발생한 연도를 구하기 위해 메인쿼리와 서브쿼리를 조인했는데, 교통수단과 사망자 수를 조인 조건에 걸었습니다. 단순히 교통수단별 최대 사망자 수만 구하려면 서브쿼리 하나로 충분하지만 연도와 추가 정보를 가져와야 하므로 메인쿼리와 서브쿼리를 사용해 조인한 것입니다.

결과에서 특이한 점은 지하철은 2003년, 선박은 1987년, 항공기는 1983년에 최대 사망자가 발생했군요. 검색해 보니 지하철의 경우 2003년에 대구 지하철 사고가 발생해 사망자가 많이 발생했고, 선박의 경우 1987년에 단일 사고보다는 전반적으로 사고가 많이 났습니다. 항공기의 경우 1983년에 대한항공 여객기가 구 소련 전투기에 피격되어 탑승자 전원이 사망한 사고가 있었습니다. 냉전 시대의 암울한 역사였죠.

12.3 서울시 미세먼지 분석

SQL

이번에는 서울시 미세먼지 정보를 분석해 보도록 하죠. 에어코리아(http://www.airkorea.or.kr)에서 2017년 1월부터 2018년 3월까지의 서울시 미세먼지 데이터를 내려받았습니다. 원천 데이터는 일자별, 측정소별 시간 단위로 데이터가 있지만, 데이터가 너무 많아 미세먼지와 초미세먼지 농도를 일평균으로 다시 계산했고, 한 구당 한 개의 측정소 데이터만 담았으니 정확한 데이터는 아니라는 점을 미리 밝혀둡니다.

먼저 테이블을 만들어 봅시다. 이번에는 서울시의 구와 측정소, 일자별 미세먼지와 초미세먼지 측정 데이터를 담을 fine_dust 테이블과 WHO 기준 미세먼지 농도 기준치 데이터를 담을 fine_dust_standard 테이블, 이렇게 두 개를 만들겠습니다. fine_dust 테이블 생성 구문은 다음과 같습니다.

쿼리 12-12 fine_dust 테이블 생성

```
CREATE TABLE fine_dust (
    gu_name        VARCHAR2(50) NOT NULL,  -- 구 명
    mea_station    VARCHAR2(30) NOT NULL,  -- 측정소
    mea_date       DATE         NOT NULL,  -- 측정일자
    pm10           NUMBER,                 -- 미세먼지 농도
    pm25           NUMBER                  -- 초미세먼지 농도
);

ALTER TABLE fine_dust
ADD CONSTRAINTS fine_dust_pk PRIMARY KEY (gu_name, mea_station, mea_date);
```

fine_dust 테이블에서 pm10은 미세먼지 농도를, pm25는 초미세먼지 농도를 나타냅니다. 원래 초미세먼지 농도는 pm 2.5로 표기하는데 편의상 pm25로 생성했습니다. 이제 미세농도 기준 테이블을 만들어 보죠.

쿼리 12-13 fine_dust_standard 테이블 생성

```
CREATE TABLE fine_dust_standard (
    org_name       VARCHAR2(50) NOT NULL,  -- 기관명
    std_name       VARCHAR2(30) NOT NULL,  -- 미세먼지 기준(좋음,
                                              보통, 나쁨, 매우나쁨)
    pm10_start     NUMBER,                 -- 미세먼지 농도(시작 값)
    pm10_end       NUMBER,                 -- 미세먼지 농도(끝 값)
    pm25_start     NUMBER,                 -- 초미세먼지 농도(시작 값)
    pm25_end       NUMBER                  -- 초미세먼지 농도(끝 값)
);

ALTER TABLE fine_dust_standard
ADD CONSTRAINTS fine_dust_standard_pk PRIMARY KEY (org_name, std_name);
```

fine_dust_standard 테이블은 미세먼지와 초미세먼지 농도에 따른 미세먼지 기준 데이터를 담고 있습니다. 이 책에서는 WHO 기준 데이터를 넣을 예정이어서 org_name 컬럼에는 'WHO' 값이 들어갈 것입니다. 우리나라나 다른 기준과 비교하고 싶다면 추가로 데이터를 넣으면 됩니다.

이제 실제 데이터를 넣어 보죠. fine_dust_insert.sql 파일을 내려받아 SQL Developer에서 실행시키세요. fine_dust 테이블에는 11,375건, fine_dust_standard 테이블에는 4건의 데이터가 입력될 것입니다. 데이터를 입력했으면 지금부터 데이터를 분석해 봅시다.

12.3.1 월간 미세먼지와 초미세먼지의 최소, 최대, 평균값 구하기

fine_dust 테이블에는 서울시의 일자별 미세먼지와 초미세먼지 농도 데이터가 들어가 있는데, 2017년 1월부터 2018년 3월까지 월별 최소, 최대, 평균값을 구해 보도록 하죠. 어떻게 작성하면 될까요? 최소, 최대, 평균값을 구하려면 각각 MIN, MAX, AVG 함수를 사용하면 되고, 월별 집계를 하려면 측정일자(mea_date)를 월로 변환해 GROUP BY 절에 넣으면 됩니다.

쿼리 12-14 월간 미세먼지의 최소, 최대, 평균값

```
SELECT TO_CHAR(a.mea_date, 'YYYY-MM') months
      ,ROUND(MIN(a.pm10),0) pm10_min
      ,ROUND(MAX(a.pm10),0) pm10_max
      ,ROUND(AVG(a.pm10),0) pm10_avg
      ,ROUND(MIN(a.pm25),0) pm25_min
      ,ROUND(MAX(a.pm25),0) pm25_max
      ,ROUND(AVG(a.pm25),0) pm25_avg
  FROM fine_dust a
 WHERE pm10 > 0
   AND pm25 > 0
 GROUP BY  TO_CHAR(mea_date, 'YYYY-MM')
 ORDER BY 1;
```

▼ 그림 12-9 쿼리 12-14를 실행한 결과

MONTHS	PM10_MIN	PM10_MAX	PM10_AVG	PM25_MIN	PM25_MAX	PM25_AVG
2017-01	14	133	53	8	97	32
2017-02	23	113	46	12	87	28
2017-03	26	125	60	15	107	40
2017-04	14	113	55	8	72	26
2017-05	15	243	62	5	65	24
2017-06	11	80	41	4	53	23
2017-07	8	74	33	4	54	22
2017-08	5	49	21	3	33	13
2017-09	6	85	32	3	58	19
2017-10	5	82	29	3	42	15
2017-11	12	90	42	5	63	22
2017-12	14	144	50	7	110	32
2018-01	17	137	52	7	105	32
2018-02	22	121	53	8	76	30
2018-03	6	139	53	4	124	34

월별로 집계하니 측정일자를 월로 변환하기 위해 TO_CHAR(mea_date, 'YYYY-MM')를 사용하고, 이를 SELECT 절과 GROUP BY 절에 넣었습니다. 또한, WHERE 절에 pm10과 pm25 값이 0보다 크다는 조건을 주었는데, 이는 측정 데이터가 0인 건을 제외하기 위한 조건입니다. 정확히 알 수는 없으나 여러 가지 이유로 측정이 안 된 경우가 있기 때문이죠. 만약 이 조건을 넣지 않으면 미세먼지 농도의 최솟값이 0으로 나올 텐데, 이는 의미 없는 데이터라 제외한 것입니다. 그리고 집계 연산 수행 결과로 소수점 이하 수치가 나오기 때문에 ROUND 함수를 사용해 정수 형태로 결과가 나오도록 했습니다.

결과를 보니 대략 겨울과 봄에 미세먼지 상태가 나쁘군요. 아무래도 중국 영향이 큰 것 같습니다. 그런데 이 결과만 보면 미세먼지 상태가 좋은 것인지 나쁜 것인지 알 수가 없습니다. 미세먼지 농도에 대한 기준이 필요합니다.

12.3.2 월평균 미세먼지 현황

이번에는 미세먼지 기준 테이블(fine_dust_standard)과 조인해 월평균 미세먼지 상태를 조회해 봅시다. fine_dust_standard 테이블에는 WHO 기준의 미세먼지와 초미세먼지 농도에 대한 기준 값(시작 값과 끝 값)이 들어 있습니다. 따라서 fine_dust와 fine_dust_standard 테이블을 조인하면 월평균에 대한 미세먼지 상태를 알 수 있습니다.

쿼리 12-15 월평균 미세먼지 상태

```
SELECT a.months
      ,a.pm10_avg
      ,( SELECT b.std_name
           FROM fine_dust_standard b
          WHERE b.org_name = 'WHO'
            AND a.pm10_avg BETWEEN b.pm10_start
                                AND b.pm10_end
       ) "미세먼지 상태"
      ,a.pm25_avg
      ,( SELECT b.std_name
           FROM fine_dust_standard b
          WHERE b.org_name = 'WHO'
            AND a.pm25_avg BETWEEN b.pm25_start
                                AND b.pm25_end
       ) "초미세먼지 상태"
FROM ( -- 월평균 미세먼지 농도 서브쿼리
       SELECT TO_CHAR(a.mea_date, 'YYYY-MM') months
             ,ROUND(AVG(a.pm10),0) pm10_avg
             ,ROUND(AVG(a.pm25),0) pm25_avg
        FROM fine_dust a
       WHERE a.pm10 > 0
         AND a.pm25 > 0
       GROUP BY TO_CHAR(mea_date, 'YYYY-MM')
) a
ORDER BY 1;
```

▼ 그림 12-10 쿼리 12-15를 실행한 결과

MONTHS	PM10_AVG	미세먼지 상태	PM25_AVG	초미세먼지 상태
2017-01	53	나쁨	32	나쁨
2017-02	46	보통	28	나쁨
2017-03	60	나쁨	40	매우나쁨
2017-04	55	나쁨	26	나쁨
2017-05	62	나쁨	24	보통
2017-06	41	보통	23	보통
2017-07	33	보통	22	보통
2017-08	21	좋음	13	좋음
2017-09	32	보통	19	보통
2017-10	29	좋음	15	좋음
2017-11	42	보통	22	보통
2017-12	50	보통	32	나쁨
2018-01	52	나쁨	32	나쁨
2018-02	53	나쁨	30	나쁨
2018-03	53	나쁨	34	나쁨

쿼리를 자세히 살펴보죠. 월별 미세먼지와 초미세먼지의 평균값을 구하는 서브쿼리를 작성했습니다. 이 부분은 쿼리 12-14와 비슷하니 어렵지 않을 거예요. 그리고 미세먼지와 초미세먼지 평균값에 대한 미세먼지 상태를 구하는 서브쿼리를 SELECT 절에 기술했습니다. 두 서브쿼리는 fine_dust_standard 테이블과 조인하고 있는데, 미세먼지의 경우 FROM 절에 있는 서브쿼리에서 구한 평균값인 pm10_avg 값이 fine_dust_standard 테이블의 pm10_start와 pm10_end 값 사이에 있는 건에 대해 미세먼지 상태(std_name)를 조회하고 있습니다. 초미세먼지도 같은 로직을 적용했습니다. 또한, 별칭을 공백이 들어간 한글(미세먼지 상태)로 표시하기 위해 " "로 감쌌습니다. 초미세먼지에 대해서도 같은 로직을 적용했습니다.

결과를 보면 월별 평균 미세먼지 농도, 초미세먼지 농도의 수치와 그에 따른 미세먼지 상태가 조회됩니다. 이전 쿼리에 비해 한결 정제된 느낌이군요. 추이를 보면 겨울부터 미세먼지가 상태가 나쁘고 봄까지 진행되다가 여름에 공기가 깨끗해지는 것을 알 수 있습니다. 다시 한번 말하지만, 이 데이터는 데이터 건수를 줄이기 위해 평균치로 데이터를 가공한 것이라 정확한 데이터가 아님을 밝혀둡니다. 하지만 추이를 보는 데는 무리가 없을 것 같군요.

SQL

12.4 실습 문제

지금까지 SQL 실습을 해 보았습니다. 테이블에 분석하고자 하는 데이터를 넣은 다음, SQL을 사용해 여러 유의미한 정보를 추출해 냅니다. 이번 절에서는 복습 차원에서 몇 가지 문제를 낼 테니 여러분이 직접 SQL을 작성해 결과를 확인해 보세요. 이 장의 실습 문제에 대한 쿼리는 12장 SQL 스크립트 파일에 있으니 여러분이 작성한 SQL과 비교해 보세요.

문제 1 로또에서 가장 적은 당첨금이 나온 회차와 번호, 금액 조회

[힌트] 쿼리 12-7의 정렬 순서를 변경하면 쉽게 작성할 수 있습니다만, 한 가지 주의할 점은 당첨자가 나오지 않은 회차는 제외해야 한다는 것입니다.

▼ 그림 12-11 문제 1의 결과(조회 결과 일부만 발췌, 제일 위에 있는 건이 가장 적은 금액 데이터임)

SEQ_NO	DRAW_DATE	WIN_PERSON_NO	WIN_MONEY	NUM1	NUM2	NUM3	NUM4	NUM5	NUM6	BONUS
546	2013-05-18	30	405939950	8	17	20	27	37	43	6
381	2010-03-20	19	565738895	1	5	10	12	16	20	11
312	2008-11-22	15	629017820	2	3	5	6	12	20	25
292	2008-07-05	14	720373950	17	18	31	32	33	34	10
196	2006-09-02	15	727876520	35	36	37	41	44	45	30
757	2017-06-03	21	739839858	6	7	11	17	33	44	1
745	2017-03-11	20	746822982	1	2	3	9	12	23	10
21	2003-04-26	23	797475400	6	12	17	18	31	32	21
106	2004-12-11	16	810461157	4	10	12	22	24	33	29
777	2017-10-21	21	833468036	6	12	17	21	34	37	18
598	2014-05-17	16	833998594	4	12	24	33	38	45	22
300	2008-08-30	12	836092425	7	9	10	12	26	38	39
216	2007-01-20	13	848506108	7	16	17	33	36	40	1
451	2011-07-23	13	882138952	12	15	20	24	30	38	29
327	2009-03-07	12	882674750	6	12	13	17	32	44	24
309	2008-11-01	11	901622946	1	2	5	11	18	36	22

문제 2 로또에서 번호가 연속해서 나온 회차와 번호 조회

보너스번호를 제외하고 6개의 숫자 중 연속해서 나온 번호가 있는 회차와 번호를 조회하는 문제입니다. 예를 들어 2번째 숫자가 5라면 3번째 숫자는 6이 나온 회차를 조회하는 것이죠.

[힌트] num1과 num2 값이 연속된 건을 조회하려면 WHERE 절에 num1 + 1 = num2 라는 조건을 주면 되겠죠. 문제는 num1과 num2뿐만 아니라 num2와 num3, num3와 num4, …를 모두 비교해야 한다는 것입니다.

▼ 그림 12-12 문제 2의 결과(조회 결과 일부만 발췌)

SEQ_NO	DRAW_DATE	NUM1	NUM2	NUM3	NUM4	NUM5	NUM6	BONUS
4	2002-12-28	14	27	30	31	40	42	2
5	2003-01-04	16	24	29	40	41	42	3
6	2003-01-11	14	15	26	27	40	42	34
7	2003-01-18	2	9	16	25	26	40	42
9	2003-02-01	2	4	16	17	36	39	14
11	2003-02-15	1	7	36	37	41	42	14
13	2003-03-01	22	23	25	37	38	42	26
15	2003-03-15	3	4	16	30	31	37	13
16	2003-03-22	6	7	24	37	38	40	33
17	2003-03-29	3	4	9	17	32	37	1
18	2003-04-05	3	12	13	19	32	35	29
19	2003-04-12	6	30	38	39	40	43	26
21	2003-04-26	6	12	17	18	31	32	21
22	2003-05-03	4	5	6	8	17	39	25
23	2003-05-10	5	13	17	18	33	42	44
24	2003-05-17	7	8	27	29	36	43	6
25	2003-05-24	2	4	21	26	43	44	16
26	2003-05-31	4	5	7	18	20	25	31

문제 3 각 교통수단별 사고 건수 대비 사망자 수 비율의 평균

[힌트] traffic_accident 테이블에서 사고 건수 대비 사망자 수 비율은 간단히 (사망자 수 / 사고 건수)로 구할 수 있죠. 단, 나누기 연산을 할 때 분모가 0일 경우 오류가 발생하므로 사고 건수가 없는 연도는 제외해야 한다는 점에 주의하세요. 평균은 AVG 함수로 구할 수 있습니다.

▼ 그림 12-13 문제 3의 결과(결과 수치는 비율(%)임)

TRANS_TYPE	DEATH_PER
지하철	61
철도	41
항공기	906
선박	30
자동차	4

문제 4 2017년 미세먼지 평균값의 미세먼지 상태별 일수 조회

2017년의 미세먼지와 초미세먼지 평균값에 대한 미세먼지 상태별 일수를 구해 봅시다.

[힌트] 일수를 구해야 하므로 첫 번째로 월별이 아닌 일별 평균을 구하는 서브쿼리를 작성한 다음, 두 번째로 fine_dust_standard 테이블과 조인해 미세먼지 상태(좋음, 보통 등)를 가져와야 합니다. 마지막으로 이 상태에 대한 일수를 구해야 하는데, 이 부분이 좀 어려울 수 있겠네요. 두 번째까지 값을 구하는 쿼리를 작성한 다음, 이를 다시 서브쿼리로 묶어 일수를 구해야 하는데, 이는 COUNT 함수로 구현하면 됩니다.

▼ 그림 12-14 문제 4의 결과(COUNT 반환 결과를 모두 더하면 365일이 나옴)

STD_NAME	COUNT(*)
좋음	108
나쁨	75
매우나쁨	36
보통	146

부록 A

오라클 및 SQL Developer 설치

A.1 Oracle 11g Express 버전 설치

브라우저를 열고 오라클 다운로드 사이트로 갑니다.

- https://www.oracle.com/technetwork/database/database-technologies/express-edition/downloads/index.html
  (오라클 홈페이지에서 링크 주소가 종종 변경되니 다운로드할 때 정확한 버전인지 체크해주세요.)

라이선스 동의(Accept License Agreement) 항목을 클릭하세요.

▼ 그림 A-1 라이선스 동의(Accept License Agreement) 항목 클릭

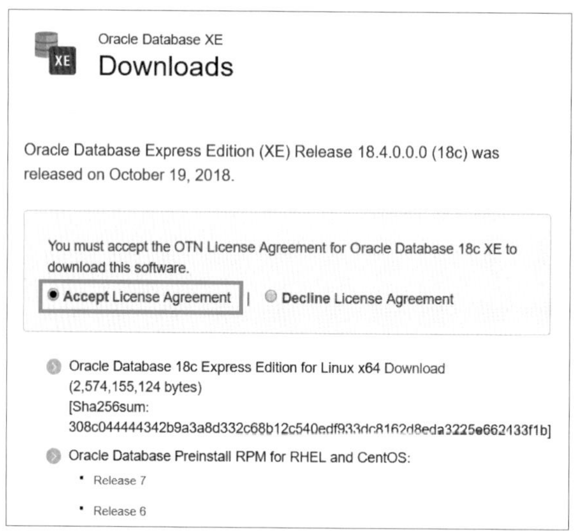

클릭하면 화면이 바뀝니다. 화면 하단의 Prior Release Archive를 클릭하세요.

▼ 그림 A-2 Prior Release Archive 클릭

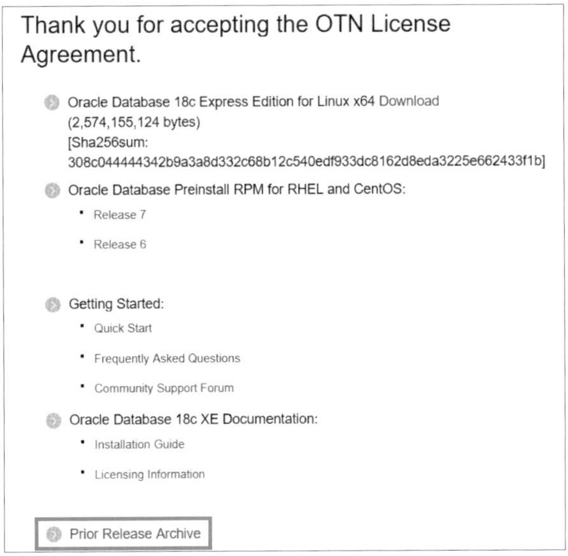

Thank you for accepting the OTN License Agreement.

- Oracle Database 18c Express Edition for Linux x64 Download
  (2,574,155,124 bytes)
  [Sha256sum:
  308c044444342b9a3a8d332c68b12c540edf933dc8162d8eda3225e662433f1b]
- Oracle Database Preinstall RPM for RHEL and CentOS:
  - Release 7
  - Release 6
- Getting Started:
  - Quick Start
  - Frequently Asked Questions
  - Community Support Forum
- Oracle Database 18c XE Documentation:
  - Installation Guide
  - Licensing Information
- Prior Release Archive

다시 **라이선스 동의(Accept License Agreement)** 항목을 클릭하고 각자 PC 사양에 맞는 버전을 내려받으세요. 저는 Windows 64비트이므로 첫 번째 파일을 내려받겠습니다.

▼ 그림 A-3 PC 사양에 맞는 버전 다운로드

Oracle Database XE

Prior Release Archive

Oracle Database Express Edition (XE) Release 11.2.0.2.0 (11gR2).

Thank you for accepting the OTN License Agreement.

- Oracle Database 11gR2 Express Edition for Windows x64 Download
  *{**Note:** Unzip the download and run the DISK1/setup.exe}*
- Oracle Database 11gR2 Express Edition for Windows x32 Download
  *{**Note:** Unzip the download and run the DISK1/setup.exe}*
- Oracle Database 11gR2 Express Edition for Linux x64 Download
  *{**Note:** Unzip the download and the RPM file can be installed as normal}*
- Getting Started:
  - Oracle Database 11gR2 XE Documentation
  - Community Support Forum

Download 항목을 클릭하면 로그인 창이 나타납니다. 오라클 계정이 있다면 아이디와 비밀번호를 입력하고, 가입한 적이 없다면 계정 만들기 버튼을 클릭해 가입하세요(여기에서는 회원가입이 되어 있다고 가정하고 진행하겠습니다).

입력한 아이디와 비밀번호가 맞으면 곧바로 파일이 자동으로 다운로드됩니다.

파일을 내려받았으면 해당 파일(OracleXE112_Win64.zip)의 압축을 풉니다. 여기에서는 D 드라이브에 압축을 풀도록 하죠. 압축을 풀면 'DISK1'이라는 폴더가 생깁니다. 해당 폴더로 들어가 setup.exe 파일을 실행하세요.

▼ 그림 A-4 setup.exe 파일 실행

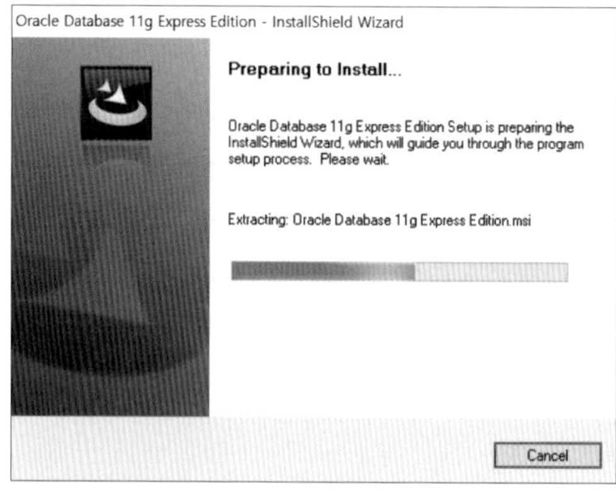

Next 버튼을 클릭하세요.

▼ 그림 A-5 Next 버튼 클릭

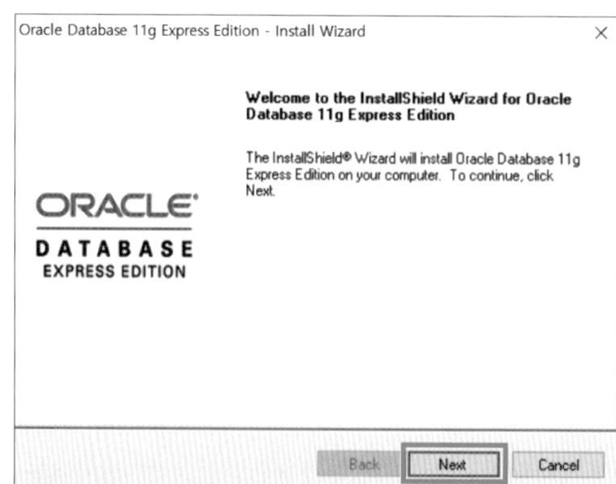

라이선스 동의를 선택 후 Next 버튼을 클릭합니다.

▼ 그림 A-6 라이선스 동의 후 Next 버튼 클릭

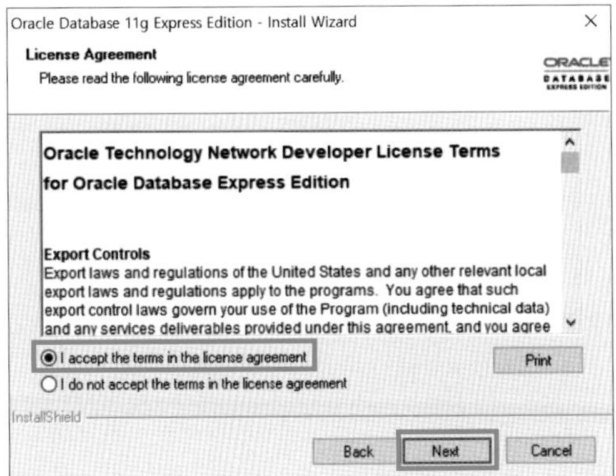

설치 경로를 선택합니다. 자동으로 'C:₩oraclexe' 폴더에 설치됩니다. 설치 경로를 바꾸려면 Browse... 버튼을 클릭해 변경할 수 있습니다. 여기에서는 기본 경로에 설치하겠습니다. Next 버튼을 클릭합니다.

▼ 그림 A-7 기본 경로에 설치

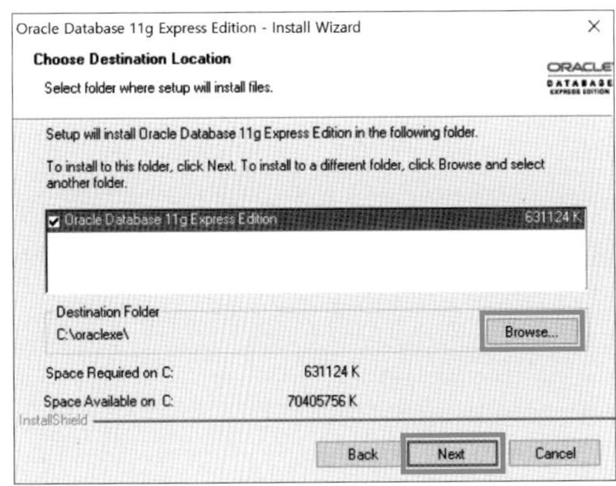

SYSTEM 계정 패스워드를 입력합니다. SYSTEM 계정은 오라클 설치 시 기본으로 생성되는 계정입니다. 오라클 설치 후 최초 사용시 SYSTEM 계정으로 로그인 해야 하므로 입력한 패스워드는 반드시 기억하세요. 패스워드 입력 및 확인 후 Next 버튼을 클릭합니다.

▼ 그림 A-8 패스워드 입력 및 확인

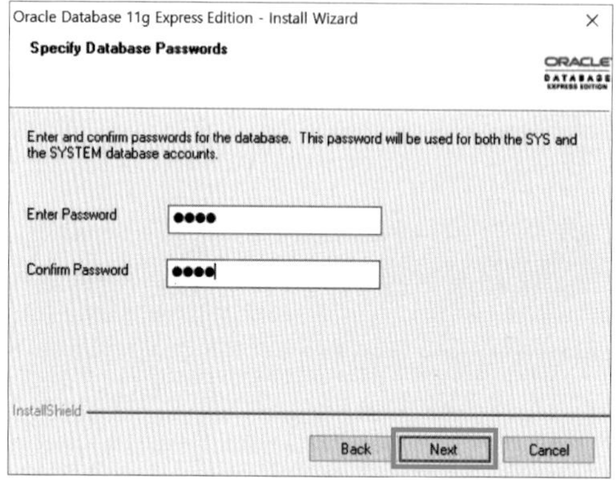

이제 Install 버튼을 클릭하면 설치가 시작됩니다.

▼ 그림 A-9 Install 버튼 클릭

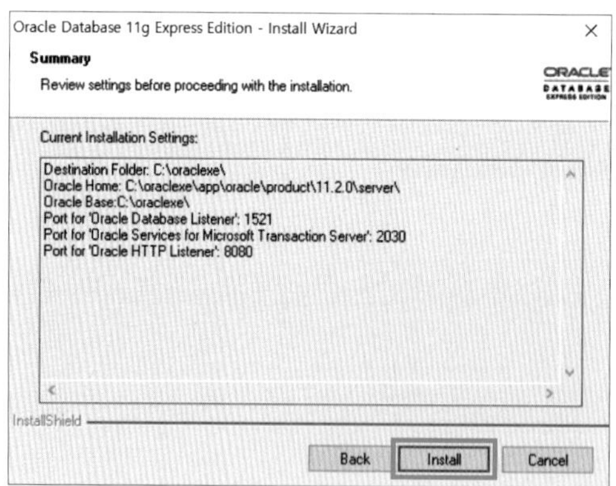

▼ 그림 A-10 설치 시작

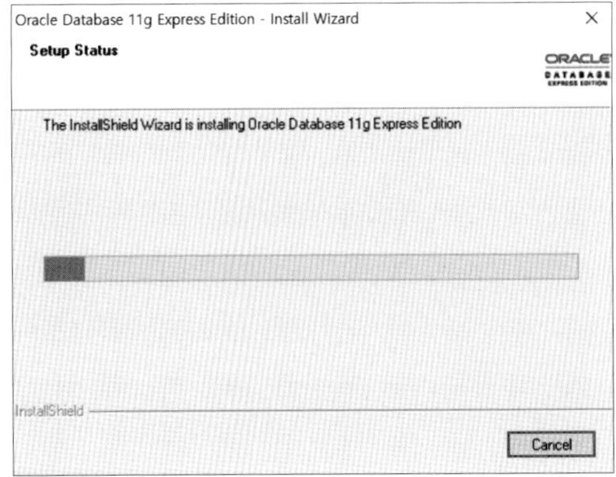

Finish 버튼을 클릭하면 모든 설치가 완료됩니다.

▼ 그림 A-11 설치 완료

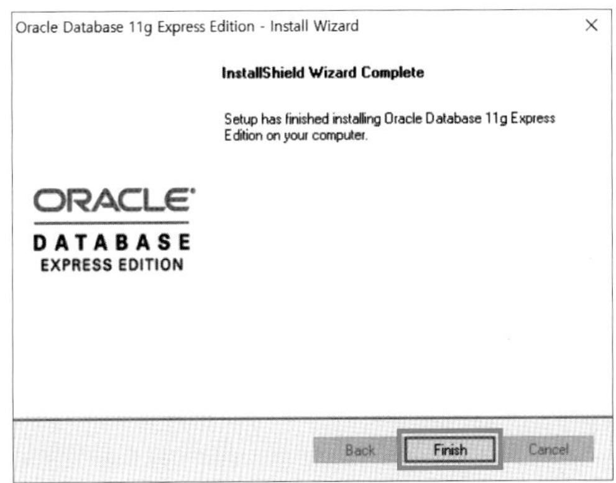

A.2 Oracle 11g Express 버전 환경설정

Oracle 11g Express 버전을 설치한 뒤에는 오라클을 사용하기 위해 몇 가지 처리해야 할 작업이 있습니다.

A.2.1 로그인

Window 환경에서 명령 프롬프트 창으로 들어가 sqlplus를 입력 후 Enter 키를 누릅니다. User-name을 입력하라고 나오면 SYSTEM을 입력하고 패스워드는 설치 시 입력한 패스워드를 입력합니다. 로그인이 성공하면 다음과 같은 화면이 나옵니다(SYSTEM 계정은 오라클 전체를 관리할 수 있는 관리자 계정입니다. 일반적으로 SYSTEM 계정은 관리자가 사용하고 일반 사용자는 별도로 신규 계정을 만들어 사용하는데, 신규 사용자 생성은 SYSTEM 계정으로 로그인해 처리할 수 있습니다).

▼ 그림 A-12 로그인 성공

```
명령 프롬프트 - sqlplus
C:\>sqlplus

SQL*Plus: Release 11.2.0.2.0 Production on 월 2월 11 16:19:22 2019

Copyright (c) 1982, 2014, Oracle.  All rights reserved.

Enter user-name: SYSTEM
Enter password:

Connected to:
Oracle Database 11g Express Edition Release 11.2.0.2.0 - 64bit Production

SQL>
```

A.2.2 사용자 생성

이 책의 내용을 실습하기 위해 사용자를 생성하겠습니다. orauser라는 이름으로 사용자를 생성하도록 하죠. 다음 내용을 입력합니다.

```
SQL> CREATE USER orauser IDENTIFIED BY 패스워드 DEFAULT TABLESPACE USERS;
```

▼ 그림 A-13 사용자 생성

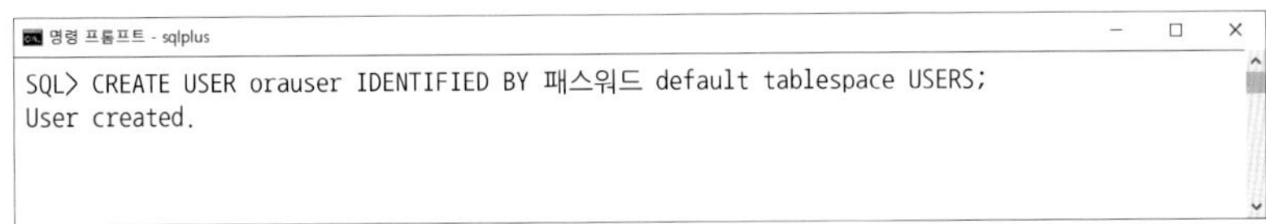

패스워드 항목에는 사용할 패스워드를 입력합니다. 이 패스워드는 새로 생성하는 orauser 사용자의 로그인을 위한 패스워드입니다. 위 화면에서는 hong이라고 입력했습니다. default 이하 구문의 의미는 'orauser란 사용자는 USERS란 테이블스페이스(기본 제공됨)를 사용한다'라는 뜻입니다. 따라서 orasuer 사용자로 로그인해 테이블 등 객체를 생성하면 USERS 테이블스페이스에 생성됩니다.

A.2.3 사용자 권한 할당

사용자를 생성했지만 orauser 사용자는 아직 아무 권한이 없는 상태이므로 어떤 작업도 수행할 수 없습니다. 오라클의 권한 체계는 좀 복잡한데 다음과 같이 DBA 권한을 주면 오라클에서 거의 대부분의 작업을 수행할 수 있습니다.

```
SQL> GRANT DBA TO orauser;
```

▼ 그림 A-14 사용자 권한 할당

A.2.4 orauser로 로그인

이제 orauser 사용자로 로그인해 봅시다. conn 사용자 아이디/패스워드 형식으로 입력합니다. 패스워드는 여러분이 설정한 패스워드로 입력하세요.

```
SQL> conn orauser/hong;
```

▼ 그림 A-15 신규 사용자(orauser)로 로그인

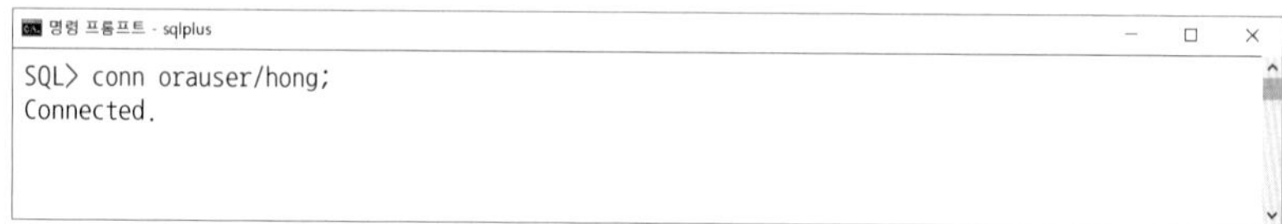

성공적으로 로그인되었습니다. 다음 문장을 입력하면 현재 로그인한 사용자 이름이 출력됩니다.

```
SQL> SELECT USER FROM DUAL;
```

▼ 그림 A-16 로그인한 사용자 확인

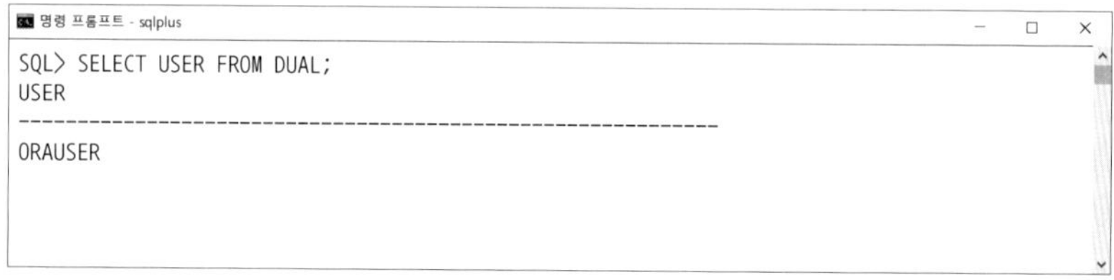

A.3 SQL Developer 설치

오라클 11g Express 버전 설치와 환경설정이 끝났으니 이제 오라클을 사용할 수 있습니다. 앞에서처럼 sqlplus를 사용해 SQL 문을 작성하여 실습할 수도 있지만, 결과를 보기가 매우 불편합니다. 따라서 SQL 실습을 위해 SQL Developer를 설치해 보도록 하죠.

우선 브라우저를 열고 오라클 SQL Developer 다운로드 페이지로 갑니다.

- https://www.oracle.com/technetwork/developer-tools/sql-developer/downloads/index.html

라이선스 동의(Accept License Agreement) 항목을 클릭하세요.

▼ 그림 A-17 라이선스 동의(Accept License Agreement) 클릭

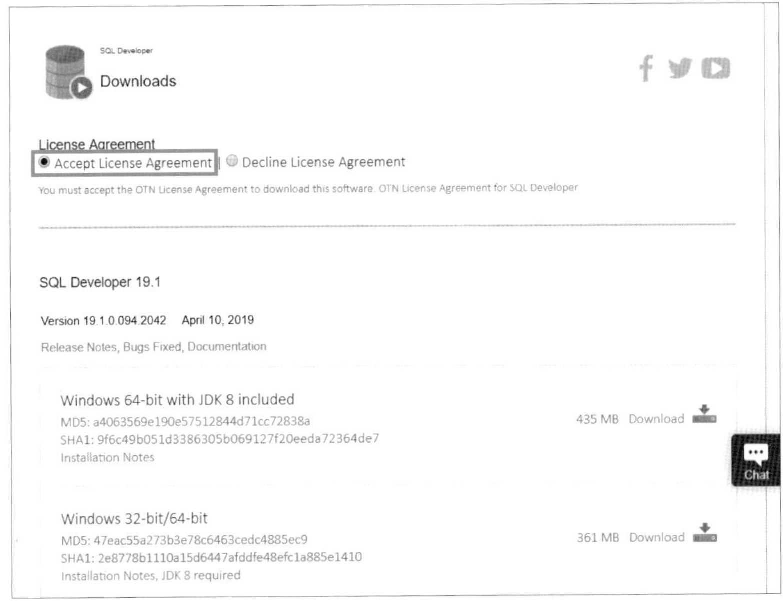

각자 PC 사양에 맞는 버전을 내려받으세요. 여기에서는 Windows 64-bit with JDK 8 included 버전을 내려받겠습니다. 오른쪽의 **Download** 버튼을 클릭하세요(SQL Developer는 버전이 자주 업데이트되므로 최신 버전이 18.3 이후 버전일 수도 있습니다. 최신 버전과 18.3 버전 중 무엇을 설치해도 상관없습니다).

▼ 그림 A-18 다운로드

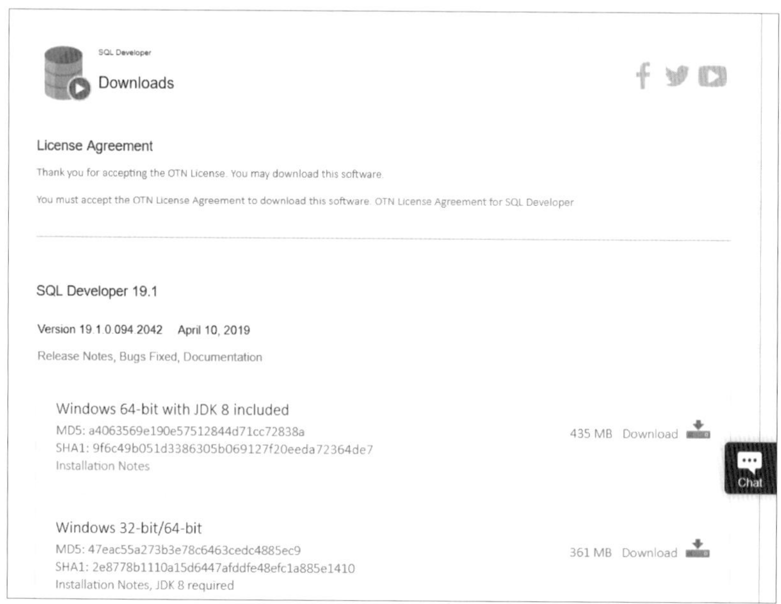

Download 항목을 클릭하면 회원 로그인 창이 나타납니다. 이미 로그인되어 있다면 바로 다운로드되겠지만, 로그아웃 상태라면 다시 로그인해야 합니다.

파일을 내려받았으면 해당 파일(제가 받은 파일 이름은 sqldeveloper-19.1.0.094.2042-x64.zip입니다)의 압축을 풉니다. D 드라이브에 압축을 풀도록 하죠. 압축을 풀면 'sqldeveloper'라는 폴더가 생깁니다. 여기서 sqldeveloper.exe 파일을 실행하세요(SQL Developer는 별도의 설치 과정이 필요 없습니다).

▼ 그림 A-19 sqldeveloper.exe 파일 실행

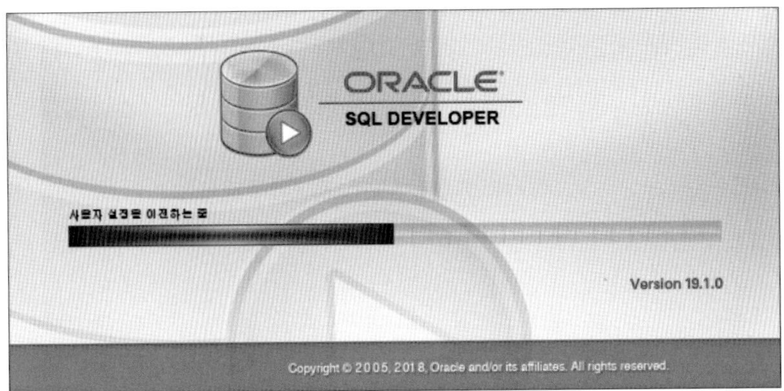

다음 화면이 나오면 **아니오** 버튼을 클릭합니다.

▼ 그림 A-20 아니오 버튼 클릭

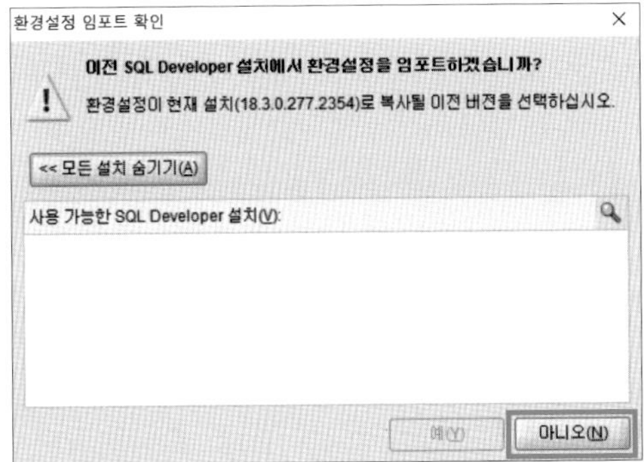

✔ 그림 A-21 SQL Developer 초기화면

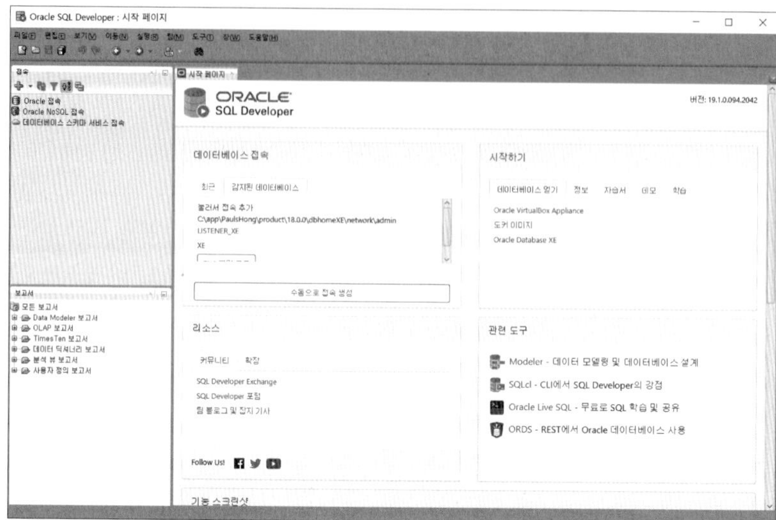

이제 이전에 설치했던 오라클에 접속해 보도록 하죠. 왼쪽 상단 화면에서 **새접속**(➕) 버튼을 클릭합니다.

✔ 그림 A-22 새접속 버튼 클릭

작은 창이 나타나면 다음 화면처럼 입력하세요.

▼ 그림 A-23 접속 정보 입력

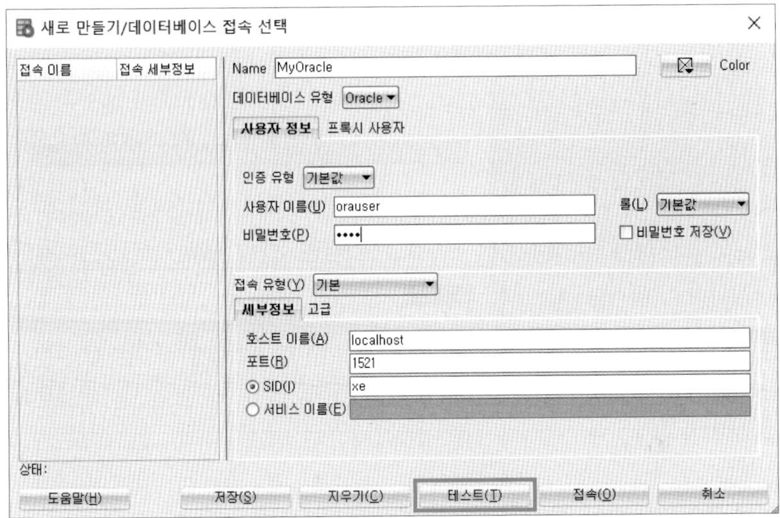

- **Name**: MyOracle(아무 이름이나 넣어도 됩니다)
- **사용자 이름**: orauser(앞부분에서 생성하고 권한을 주었던 사용자 아이디)
- **비밀번호**: 설정한 비밀번호를 입력하세요.
- **호스트 이름**: localhost
- **포트**: 1521
- **SID**: xe

입력이 모두 끝났으면 하단의 **테스트** 버튼을 클릭해 보세요. 입력한 사용자 정보로 로그인 테스트를 하는 것입니다. 아무런 반응이 없으면 정상입니다. 만약 빨간색으로 경고 문구가 나타나면 입력한 내용에 오류가 있다는 뜻이니, 사용자 아이디와 비밀번호를 정확히 입력하세요.

❤ 그림 A-24 입력한 내용에 오류가 있다는 경고 문구

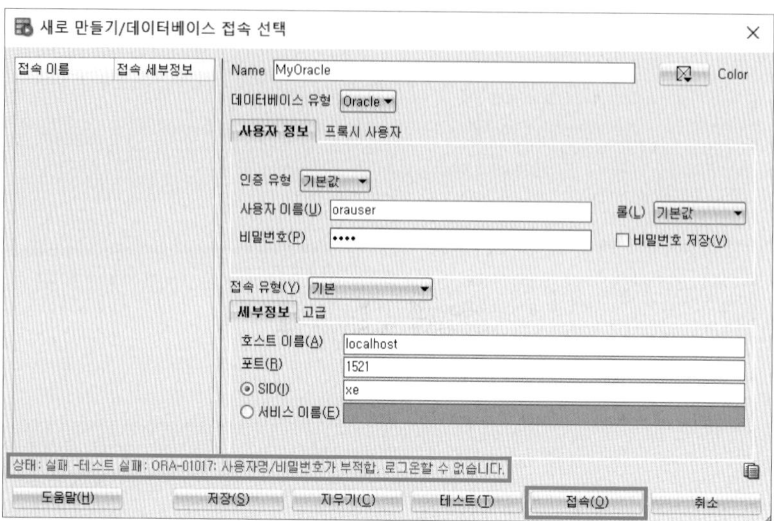

이제 **접속** 버튼을 클릭하면 다음과 같은 화면이 나타납니다.

❤ 그림 A-25 SQL 워크시트 창

A.2절에서 로그인한 사용자 이름을 출력해 보았는데 여기서도 똑같이 출력해 보겠습니다. 다음 그림과 같이 명령어를 입력 후 F5 키를 누르면 이 쿼리의 실행 결과가 보입니다(F5 키를 누르면 쿼리 결과가 스크립트 형태로 나옵니다).

```
SELECT USER FROM DUAL;
```

✔ 그림 A-26 로그인한 사용자 이름 출력

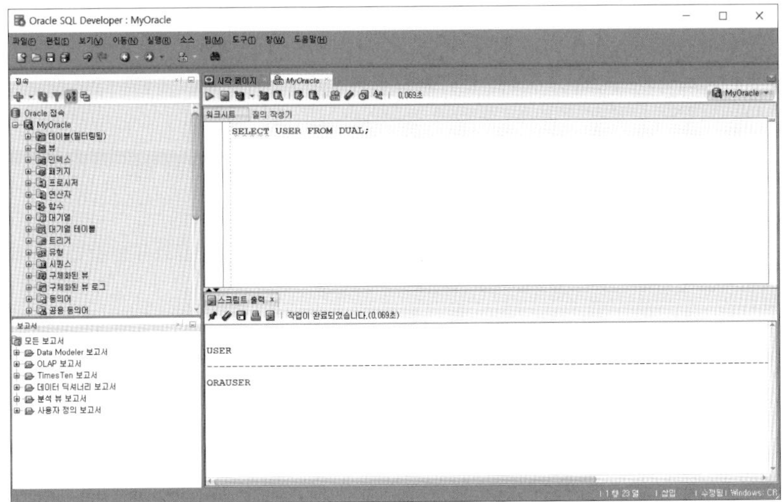

이번에는 'SELECT SYSDATE FROM DUAL;'을 입력하고 F9 키를 눌러 보세요(F9 키를 누르면 쿼리 결과가 그리드 형태로 나옵니다). 다음 화면은 두 번째 문장을 마우스로 선택 후 실행한 것입니다. 한 화면에 2개 이상의 SQL 문이 있을 때는 반드시 문장 끝에 세미콜론(;)을 붙여 문장을 구분해 주세요. 실행할 문장을 마우스로 선택하지 않으면 다른 문장 전체가 순차적으로 실행됩니다.

▼ 그림 A-27 현재 일자 조회 1

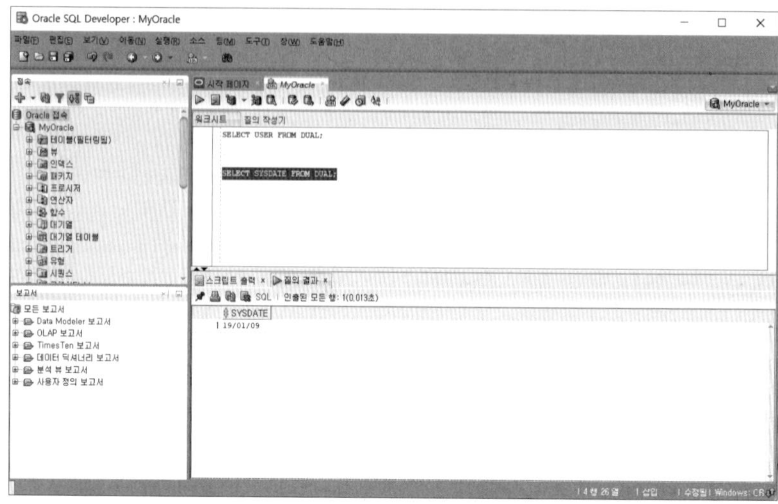

현재 일자를 조회한 결과를 보니 날짜 형식(YY/MM/DD)이 마음에 들지 않습니다. 'YYYY/MM/DD' 형태로 바꿔 보도록 하죠. 상단 메뉴에서 **도구 > 환경설정**을 선택하면 작은 창이 나타납니다. 왼쪽 패널에서 **데이터베이스 > NLS**를 선택하고 **날짜 형식(F)** 항목 값을 다음 그림처럼 변경하세요.

▼ 그림 A-28 날짜 형식(F) 항목 값 변경

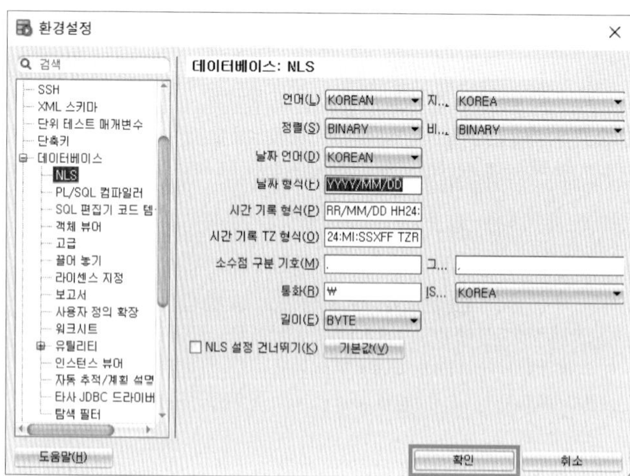

확인 버튼을 클릭하면 창이 사라집니다. 현재 일자를 조회하는 쿼리를 다시 실행해 보세요.

✔ 그림 A-29 현재 일자 조회 2

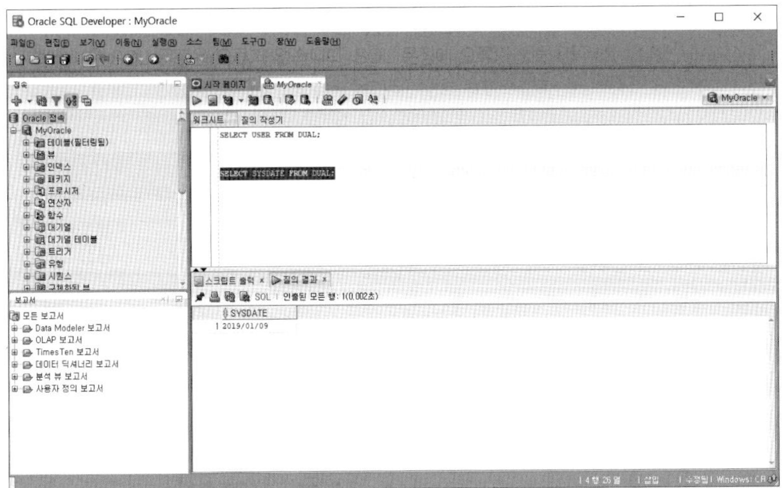

날짜 형식이 'YYYY/MM/DD' 형태로 조회되는 것을 확인할 수 있습니다.

쿼리를 실행할 때는 F5나 F9 키를 누르면 되는데, 보통 SELECT 문은 F9 키를, 나머지 UPDATE, INSERT, DELETE 등의 문장은 F5 키를 눌러 실행합니다. 다시 강조하지만 한 창에서 SQL 문장이 여러 개일 때는 문장 끝에 반드시 세미콜론(;)을 넣고, 실행할 문장을 특별히 선택하지 않으면 입력한 모든 문장이 순차적으로 실행된다는 점을 잊지 마세요.

한 SQL 워크시트 안에서 여러 개의 SQL 문장을 세미콜론으로 구분해 실행할 수 있습니다. 이 경우 사용법은 다음과 같습니다.

- F5 키를 누르면 현 워크시트에 있는 모든 SQL 문이 마우스 커서 위치에 상관없이 모두 실행됩니다.
- 실행할 문장만 마우스로 전체 선택하고 F5 키를 누르면 해당 문장만 실행됩니다.
- 현재 커서가 위치한 문장만 실행하려면 F9 키를 누르면 됩니다.

마지막으로 SQL 입력 창에 대해 알아보겠습니다. SQL 입력 창은 여러 개 띄울 수 있습니다. 상단의 아이콘 중 'SQL 워크시트' 를 클릭하거나 Alt + F10 키를 누르면 새 창이 뜹니다.

▼ 그림 A-30 SQL 워크시트 클릭

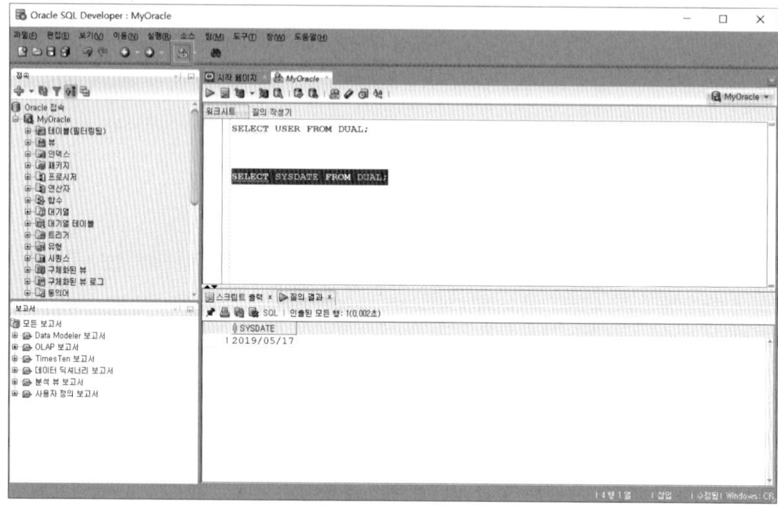

SQL 입력 창을 여러 개 띄울 수 있고, 창은 각각 탭으로 구분됩니다.

▼ 그림 A-31 SQL 워크시트 열기 확인 버튼 클릭

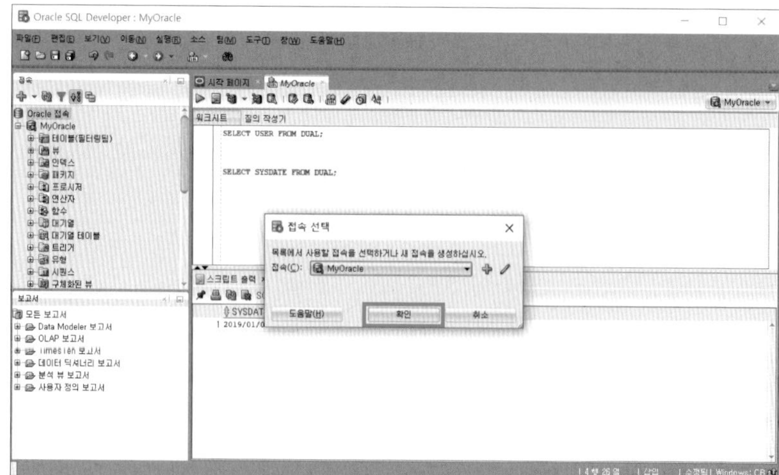

확인 버튼을 클릭하면 새 창이 뜹니다.

▼ 그림 A-32 새 SQL 워크시트 창

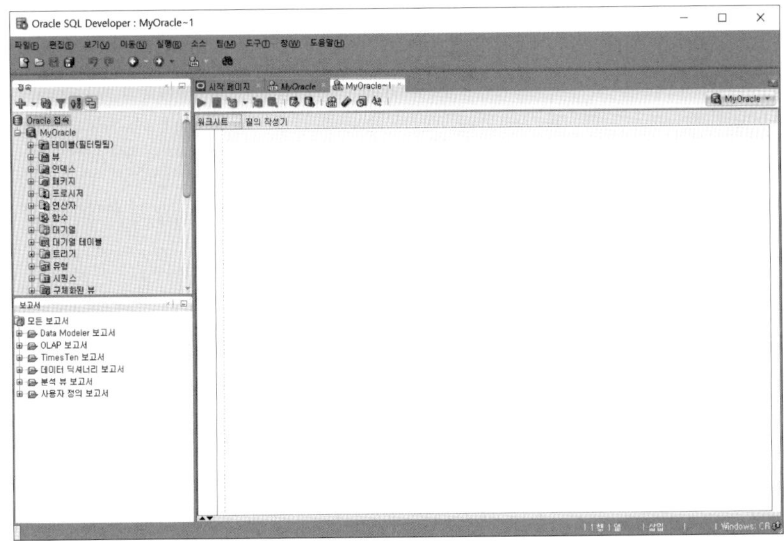

설치에 대해 모두 설명했습니다. SQL Developer의 사용법은 인터넷에서도 검색 가능하니 좀 더 자세한 내용은 찾아보도록 하세요.

처음 접하는 분들은 A.3절의 방법을 추천합니다. 본문에서도 A.3절의 방법을 사용합니다. A.2절의 방법을 설명한 이유는 오라클 최초 설치 후에는 SQL Developer가 없기도 하고, 사용자 생성 같은 작업은 콘솔 상에서 많이 처리하기도 하기 때문입니다. 하지만 실제 쿼리 수행은 A.3절의 방법을 주로 사용합니다(A.2절의 방법은 쿼리 결과를 보기가 너무 힘듭니다).